ESCREVER PARA NÃO ENLOUQUECER

Livros de Bukowski publicados pela **L&PM** EDITORES:

Ao sul de lugar nenhum: histórias da vida subterrânea
O amor é um cão dos diabos
Bukowski: 3 em 1 (*Mulheres*; *O capitão saiu para o almoço e os marinheiros tomaram conta do navio*; *Cartas na rua)*
O capitão saiu para o almoço e os marinheiros tomaram conta do navio (c/ ilustrações de Robert Crumb)
Cartas na rua
Crônica de um amor louco
Delírios cotidianos (c/ ilustrações de Matthias Schultheiss)
Escrever para não enlouquecer
Fabulário geral do delírio cotidiano
Factótum
Hollywood
Miscelânea septuagenária: contos e poemas
Misto-quente
Mulheres
Notas de um velho safado
Numa fria
Pedaços de um caderno manchado de vinho
As pessoas parecem flores finalmente
Pulp
Queimando na água, afogando-se na chama
Textos autobiográficos (Editado por John Martin)

CHARLES BUKOWSKI

ESCREVER PARA NÃO ENLOUQUECER

Editado por Abel Debritto

Tradução de Rodrigo Breunig

L&PM EDITORES

Texto de acordo com a nova ortografia.

Título original: *On Writing*

Tradução: Rodrigo Breunig
Edição: Abel Debritto
Capa: Ivan Pinheiro Machado
Preparação: Marianne Scholze
Revisão: Simone Diefenbach

CIP-Brasil. Catalogação na publicação
Sindicato Nacional dos Editores de Livros, RJ

B949e

Bukowski, Charles, 1920-1994
Escrever para não enlouquecer / Charles Bukowski; tradução Rodrigo Breunig; editado por Abel Debritto. – 1. ed. – Porto Alegre, RS: L&PM, 2016.
256 p. : il. ; 21 cm.

Tradução de: *On Writing*
ISBN 978-85-254-3355-8

1. Bukowski, Charles, 1920-1994 - Correspondência. I. Escritores americanos - Séc. XX - Biografia. I. Breunig, Rodrigo. II. Debritto, Abel.

15-28591 CDD: 928.1
CDU: 929:821.111(73)

Rua Comendador Coruja, 314, loja 9 – Floresta – 90220-180
Porto Alegre – RS – Brasil / Fone: 51.3225.5777

Pedidos & Depto. comercial: vendas@lpm.com.br
Fale conosco: info@lpm.com.br
www.lpm.com.br

Impresso no Brasil
Verão de 2016

Nota do editor

É virtualmente impossível reproduzir as cartas de Bukowski de maneira fiel, já que inúmeras delas foram decoradas em profusão com desenhos e garatujas. No mesmo sentido, a correspondência entre 1945 e 1954 é toda escrita à mão – justamente os infames dez anos de bebedeira de Bukowski, quando ele não escreveu em absoluto, segundo afirmava de modo enganoso, como se o material manuscrito fosse de todo esquecível – e não pode ser reproduzida aqui adequadamente. Entretanto, algumas cartas foram impressas em fac-símile, para que possam ser apreciadas como pretendido por Bukowski.

Para preservar ainda mais o peculiar feitio das cartas de Bukowski, as alterações editoriais foram reduzidas ao mínimo. Embora o autor fosse bastante preciso na pontuação, sua grafia – na melhor das hipóteses – era excêntrica, fato admitido por ele. Nesta coletânea, erros datilográficos involuntários foram corrigidos discretamente, ao passo que os erros deliberados foram mantidos, numa tentativa de preservar sua voz na maior medida possível. Da mesma forma, foram omitidas as saudações e os encerramentos, em grande parte similares. Bukowski foi um correspondente prolífico, e suas cartas costumavam ser longas, discutindo tópicos sem relação com a arte da escrita. Omissões editoriais, então, são representadas por [...]. Notas editoriais no texto também aparecem entre colchetes. Bukowski usava MAIÚSCULAS para indicar ênfase; elas foram substituídas por itálicos nos títulos de livros e por aspas nos títulos de poemas e contos. Datas e títulos foram padronizados também. Afora essas poucas alterações editoriais, as cartas aparecem aqui como Bukowski as escreveu.

Abel Debritto

1945

Hallie Burnett coeditava a revista Story, *na qual Bukowski foi publicado pela primeira vez em 1944.*

[Para Hallie Burnett]
Fim de outubro de 1945

Recebi a sua rejeição de "Whitman: sua poesia e prosa", junto com os comentários informais dos seus leitores de originais.

Parece uma coisa legal.

Se um dia precisar de um leitor de originais adicional, por favor me avise. Não consigo arranjar emprego em lugar nenhum, então bem que eu poderia tentar a senhora também.

1946

[Para Caresse Crosby]
9 de outubro de 1946

I KEPT WONDERING ABOUT PORTFOLIO.
I WROTE DIVERS CONTUMELIOUS NOTES, LOOKING UP FRENCH WORDS IN THE BACK OF MY DICTIONAIRY. I WANTED A COPY OF PORTFOLIO, WITH MY STORY IN IT. I HAD THE CRAZY BLUES, THE SUCIDIAL MANIA, THE WINE DREAMS. I NEEDED A SPIRITUAL LIFT. I WAS ENTHUSASTIC IN MY DEMANDS. AFTER SEVERAL INTERCHANGES, I GOT IT (PORTFOLIO)
7210
I AM NOW WORKING IN A TOOL WAREHOUSE -
AND DRINKING

YET I KEEP WONDERING. WHERE ARE THOSE STORIES AND SKETCHES I SENT HER IN MARCH 1946? IS SHE ANGRY? IS THIS HER REVENGE? DID SHE BURN MY THINGS? DID SHE MAKE THE PAGES INTO PAPER BOATS FOR THE BATHTUB? OR DOES HENRY MILLER SLEEP WITH THEM UNDER HIS MATRESS?

I CAN WAIT NO LONGER.

IF I RECEIVE NO ANSWER, I'LL HAVE MY ANSWER,

TRULY,

Charles Bukowski

603 N. 17 TH. ST.

PHILA, 30, PA.

Cara sra. Crosby:

Eu estava trabalhando numa fábrica de porta-retratos e bebendo quando a senhora aceitou um dos meus contos.

Na carta a senhora disse que ele era "intrigante e profundo".

Perdi meu emprego.

Meu pai me comprou um terno novo e me despachou para a Filadélfia.

Vivi de seguro social, tinha tempo demais para pensar e beber –

e fiquei matutando sobre a *Portfolio*.

Escrevi diversos bilhetes contumeliosos, pesquisando palavras francesas na parte de trás do meu dicionário. Eu queria um exemplar da *Portfolio* com o meu conto. Fiquei triste que nem louco, tive impulso suicida, sonhos de vinho. Precisava de um ânimo espiritual, fiquei entusiástico nos meus pedidos, depois de vários intercâmbios, consegui (a *Portfolio*).

Agora estou trabalhando numa fábrica de ferramentas –

e bebendo.

Mas continuei matutando. Onde estão aqueles contos e esquetes que mandei para ela em março de 1946? Ela está zangada? Isso é a vingança dela? Será que ela queimou as minhas coisas? Ela transformou as páginas em barquinhos de papel para a banheira? Ou será que Henry Miller dorme com elas embaixo de seu colchão?

Não posso esperar mais.

Se não receber resposta, terei minha resposta.

Sinceramente,

Charles Bukowski

[Para Caresse Crosby]
Novembro de 1946

Preciso escrever à senhora mais uma vez para lhe dizer o quanto fiquei deleitado ao receber a deliciosa foto – Roma 1946 – e o seu bilhete. Quanto aos originais perdidos – que se danem – não prestavam mesmo – talvez com exceção de alguns esquetes violentos que fiz enquanto parasitava meus pais em Los Angeles. Mas tal troço é porcaria: eu sou um poeta, et al.

A bebida ainda me faz titubear – máquina de escrever já era. Mesmo assim, ha ha, imprimo meu material à mão, em tinta. Consegui me livrar de três contos razoáveis e quatro poemas insatisfatórios para a *Matrix*, uma "pequena revista" um tanto antiquada da Filadélfia.

Sou realmente uma pessoa nervosa demais para pegar carona até Washington para visitar a senhora. Eu iria me desmanchar em pedacinhos quaternos de todos os tipos. Mas obrigado mesmo. A senhora tem sido muito decente, muito.

Talvez eu lhe mande algo em breve, mas não por enquanto. Seja lá o que isso queira dizer.

1947

[Para Whit Burnett]
27 de abril de 1947

Obrigado pelo bilhete.

Acho que eu não conseguiria fazer um romance – não tenho o ímpeto, se bem que já pensei a respeito, e talvez um dia eu tente. *Factótum abençoado* seria o título, e seria sobre o trabalhador de classe baixa, sobre fábricas e cidades e coragem e feiura e bebedeira. Contudo, acho que, se eu o escrevesse agora, não prestaria muito. Eu precisaria ficar devidamente exaltado. Além disso, tenho tantas preocupações pessoais no momento que não tenho a menor condição de olhar um espelho, muito menos tocar um livro. Fico, no entanto, surpreso e satisfeito com o seu interesse.

Não tenho quaisquer outros esquetes na caneta, sem contos, no momento. A *Matrix* pegou o único que eu tinha desse jeito.

O mundo manteve o pequeno Charles praticamente na ponta do chicote nos últimos tempos, e não sobrou muito do escritor, Whit. Então receber notícias suas foi adorável pra caramba.

1953

[Para Caresse Crosby]
7 de agosto de 1953

8-7-53

Hello Mrs. Crosby:

Saw in book review (never really read one, but) your
name, "Dail Press."

You printed me sometime back in "Portfolio," one of the
earliest (1946 or so?). Well, one time came into town off long
drunk, forced to live with parents during feeble clime. Thing
is, parents read story ("20 TANKS FROM KASSELDOWN") and
burnt whole damn "Portfolio." Now, no longer have copy.
Only piece missing from my few published works. If
you have an extra copy ????? (and I don't see why
in the hell you should ~~haven't~~ have) it would do me a
lot of good if you would ship it to me.

I don't write so much now, I'm getting on to 33,
pot-belly and creeping dementia. Sold my typewriter to
go on a drunk 6 or 7 years ago and haven't gotten
enough non-alcoholic $ to buy another. Now print

(over)

my occasionals out by hand and paint them up with drawings (like any other madman). Sometimes I just throw the stories away and hang the drawings up in the bathroom (sometimes on the roller).

Hope you have "20 TANKS". Would apprec.

Love,

Charles Bukowski
268 4/6 S. Coronado St.
Los Angeles, Calif.
(268 1/6 S. CORONADO ST.)

Olá, sra. Crosby:

Vi em resenha de livro (na verdade nunca li uma, mas) o seu nome, "Dail Press".

A senhora me publicou algum tempo atrás na *Portfolio*, uma das primeiras (1946 ou por aí?). Bem, certa vez cheguei na cidade após longa bebedeira, forçado a morar com pais durante clima débil. O negócio é que pais leram conto ("20 tanques de Kasseldown") e queimaram maldita *Portfolio* toda. Agora não mais tenho exemplar. Único item faltante de minhas poucas obras publicadas. Se a senhora tiver um exemplar extra????? (e não vejo por que diabos *deveria* ter) me faria um bem danado se o remetesse para mim.

Já não escrevo tanto agora, estou avançando rumo aos 33, pança e demência insinuante. Vendi minha máquina de escrever para mergulhar numa bebedeira 6 ou 7 anos atrás e não arranjei $ não alcoólico suficiente para comprar outra. Agora imprimo meus ocasionais à mão e os enfatizo com desenhos (como qualquer outro louco). Às vezes apenas jogo fora os contos e penduro os desenhos no banheiro (às vezes no suporte do rolo).

Espero que a senhora tenha "20 tanques". Grato eu ficaria.

[Para Judson Crews]
Final de 1953

Você envia as únicas rejeições animadas na América. É legal receber as notícias atrás dessas fotos deliciosas! Você deve ser um cara bem bacana, posso imaginar.

Fiquei impressionado com a sua última edição de *Naked Ear*. Exalava vivacidade e talento artístico bem mais do que, digamos, a última edição de *The Kenyon Review*. Isso decorre de publicar o que você *quer* publicar em vez de publicar o que é correto. Continue assim.

Conheci Janet Knauff ontem. Ela conhece você. Levei-a ao hipódromo.

[Para Judson Crews]
4 de novembro de 1953

Vou ser sincero com você. Dá no mesmo se você ficar com esses poemas por quanto tempo quiser, porque quando mandá-los de volta eu vou simplesmente jogá-los fora.

Com exceção dos novos em cima, esses poemas foram rejeitados pela revista *Poetry* e por um empreendimento novo, *Embryo*. Comentários favoráveis etc., mas eles acham que o meu material não é poesia. Eu sei o que eles querem dizer. A ideia está lá, mas não consigo romper a couraça da pele. Não consigo fazer a sintonia. Não tenho interesse por poesia. Não sei o que me interessa. O avesso do embotamento, suponho. A poesia propriamente dita é poesia morta, mesmo quando tem aparência boa.

Fique com essas coisas por quanto tempo desejar. Você é o único que mostrou interesse. Se eu fizer mais, mando tudo para você.

1954

[Para Whit Burnett]
10 de junho de 1954

6-10-54

Dear Mr. Burnett:

Please note change of address (323½ N. Westmoreland Ave L.A. 4.), if you are holding any more of my weird masterpieces.

This piece (rejected by Esquire) is an expanded version of a short sketch I sent you some time ago. I guess it's too sexy for publication. I don't know exactly what it means. I just got to playing around with it and it ran away with me. I think Sherwood Anderson would enjoy it but he can't read it.

– Wm. Bukowski

Por favor anote mudança de endereço (323½ N. Westmoreland Ave., L.A. 4), se você estiver com mais obras-primas beberronas minhas em mãos.

Este texto rejeitado pela *Esquire* é uma versão ampliada de um esquete curto que lhe mandei algum tempo atrás. Acho que é sexy demais para ser publicado. Não sei exatamente o que significa. Eu fiquei só brincando com ele e ele tirou de mim o controle. Acho que Sherwood Anderson o apreciaria, mas ele não pode lê-lo.

[Para Whit Burnett]
25 de agosto de 1954

Lamento saber, por meio de uma papeleta que me foi enviada de Smithtown dois meses atrás, que a *Story* deixou de existir.

Mandei outro conto por essa época chamado "A história do estuprador", mas não tive retorno. Está por aí?

Sempre vou me lembrar da velha revista laranja com a tira branca. De alguma forma, eu sempre tivera a ideia de que podia escrever qualquer coisa que quisesse, e, se fosse algo bom o bastante, entraria. Nunca tive essa ideia olhando para nenhuma outra revista, e sobretudo hoje, quando todo mundo sente esse medo tão desgraçado de ofender ou dizer qualquer coisa contra qualquer pessoa – um escritor honesto fica num apuro infernal. Quero dizer, você se senta para escrever e sabe que não adianta nada. Tem um monte de coragem que sumiu agora, e um monte de fibra e um monte de clareza – e um monte de Talento Artístico também.

No meu jeito de ver, foi tudo por água abaixo com a Segunda Guerra Mundial. E não só as Artes. Até os cigarros não têm mais o mesmo gosto. Tamales. Chili. Café. Tudo é feito de plástico. O rabanete não tem mais aquele sabor acentuado. Você descasca um ovo e, invariavelmente, o ovo sai grudado na casca. As costeletas de porco são pura gordura e cor-de-rosa. As pessoas compram carros novos e mais nada. Essa é a vida delas: quatro rodas. As cidades só ligam um terço da iluminação pública para poupar eletricidade. Os policiais distribuem multas que nem loucos. Os bêbados são penalizados em somas atrozes, e quase todo mundo que bebe um pouco fica bêbado. Os cães devem ser contidos por coleira, os cães devem ser vacinados. Você precisa ter uma licença de pesca para pegar peixe-rei com as mãos, e gibis são considerados perigosos para crianças. Homens assistem a lutas de boxe sentados em suas poltronas, homens que nem faziam ideia do que era uma luta de boxe, e, quando discordam de uma decisão, escrevem cartas vis e clamorosas aos jornais, em indignado protesto.

E contos: não há nada: nenhuma vida. [...]

A *Story* tinha um significado para mim. E acho que ver seu desaparecimento faz parte da rotina do mundo, e me pergunto: em seguida vai ser o quê?

Eu me lembro de quando costumava escrever e lhe mandar quinze ou vinte ou mais histórias por mês, e depois três ou quatro ou cinco – e principalmente, no *mínimo*, uma por semana. De Nova Orleans e Frisco e Miami e L.A. e Philly e St. Louis e Atlanta e Greenwich Village e Houston e tudo que é lugar.

Eu costumava me sentar junto a uma janela aberta em Nova Orleans e olhar lá embaixo as ruas noturnas do verão e tocar aquelas teclas, e, quando vendi minha máquina de escrever em Frisco para ficar bêbado, não consegui parar de escrever, e tampouco consegui parar de beber, então imprimi à mão a minha merda por anos, e posteriormente decorei a mesma merda com desenhos para fazer você prestar atenção.

Bem, segundo me dizem, não posso beber agora, e arranjei outra máquina de escrever. Arranjei uma espécie de emprego agora, mas não sei por quanto tempo vou aguentar nele. Estou fraco e fico doente fácil, e me sinto nervoso o tempo todo e acho que tenho alguns curtos-circuitos em algum lugar, mas desse jeito eu sinto vontade de tocar as teclas de novo, tocá-las e fazer frases, um palco, um arranjo, fazer gente andar e falar e fechar portas. E agora não tem mais a *Story*.

Mas quero lhe agradecer, Burnett, por me tolerar. Sei que uma grande parte era fraca. Mas aqueles eram tempos bons, os tempos de 438 Fourth Ave. 16, e agora, como todas as outras coisas, os cigarros e o vinho e os pardais vesgos na meia-lua, tudo se foi. Uma tristeza mais pesada que piche. Adeus, adeus.

[Para Caresse Crosby]
9 de dezembro de 1954

Recebi a sua carta da Itália mais ou menos um ano atrás (em resposta à minha). Quero lhe agradecer por ter se lembrado de mim. Ter notícia sua me pôs de pé um tanto.

Ainda está publicando? Se sim, tenho algo que eu gostaria que a senhora visse. E, se está, eu lhe peço um endereço ao qual enviá-lo: não sei como chegar à senhora.

Estou escrevendo de novo, um pouco. [Charles] Shattuck, da *Accent*, diz que não vê chance de eu conseguir encontrar um editor para o meu material, mas que talvez um dia o "gosto do público emparelhe com você". Cristo.

A senhora me mandou um panfleto ou maço ou algo em italiano ano passado na sua carta. Cometeu o equívoco de me considerar um homem culto: não consegui lê-lo. Não sou nem mesmo um artista de verdade – sei que sou alguma espécie de farsante – escrevo meio que das entranhas da repugnância, quase inteiramente. Contudo, ao ver o que os outros estão fazendo, vou em frente. O que mais se pode fazer? [...]

Este factótum tem outro emprego servil. Eu o detesto, mas tenho dois pares de sapato pela primeira vez na minha vida (gosto de ir ao hipódromo todo embonecado – interpretar o legítimo espectador encostado nas grades). Vivo há 5 anos com uma mulher 10 anos mais velha do que eu. Mas acabei me acostumando com ela, e me sinto cansado demais para sair em busca ou romper.

Por favor me informe o seu endereço editorial caso ainda esteja publicando, e obrigado de novo por ser bondosa o bastante para se lembrar de mim e escrever.

1955

[Para Whit Burnett]
27 de fevereiro de 1955

Obrigado pela devolução dos velhos contos; e pelo bilhete incluso.

Eu ando um pouco melhor agora, se bem que quase morri na ala de caridade do Hospital Geral. Eles com certeza fazem lambança lá, e, se alguma vez você ouviu falar qualquer coisa sobre o lugar, provavelmente é verdade. Fiquei lá 9 dias e me mandaram uma conta de $14,24 por dia. Que ala de caridade. Escrevi um conto a respeito chamado "Cerveja, vinho, vodca, uísque; vinho, vinho, vinho" e enviei-o à *Accent*. Eles o mandaram de volta: ... "uma torrente um tanto sangrenta. Talvez, um dia, o gosto do público emparelhe com você".

Meu Deus. Espero que não. [...]

A propósito, no seu bilhete você disse que nunca tinha me publicado. Você tem um exemplar da *Story* de março-abril de 1944?

Bem, estou com 34 agora. Se eu não tiver conseguido quando chegar aos 60, vou simplesmente me dar 10 anos mais.

1956

O poema "A Note to Carl Sandburg" jamais foi publicado; A Place to Sleep the Night *foi abandonado depois que a Doubleday rejeitou alguns capítulos.*

[Para Carol Ely Harper]
13 de novembro de 1956

Os poemas que a senhora mencionou ainda estão disponíveis – não tenho carbonos, por isso não me lembro dos poemas completamente, mas me causa particular satisfação que a senhora tenha aceitado "A Note to Carl Sandburg". Esse é um poema que escrevi sobretudo para mim mesmo, pensando que ninguém jamais teria coragem de publicá-lo.

Tenho 36 anos de idade (16-8-20) e fui publicado pela primeira vez (um conto) na revista *Story*, de Whit Burnett, lá em 1944. Depois alguns contos e poemas em 3 ou 4 edições da *Matrix* por volta da mesma época, e um conto na *Portfolio*. Como a senhora sabe, essas revistas já faleceram. Ah sim, também um conto e um par de poemas em algo chamado *Write*, que saiu uma ou duas vezes e aí desistiu. Depois, por 7 ou 8 anos, escrevi pouco, muito pouco. Foi uma bebedeira e tanto. Fui parar na ala de caridade do hospital com buracos na barriga, esguichando sangue que nem uma cachoeira. Tomei uma transfusão de 3 litros – e sobrevivi. Não sou o mesmo homem de antes, mas estou escrevendo de novo.

Recebi um bilhete ontem da Espanha, da sra. Hills, informando-me que um de meus poemas foi aceito para a

Quixote. E deverei ter alguns contos e poemas aparecendo na próxima edição da *Harlequin*, uma nova revista que lançou seu primeiro número no Texas e agora se mudou para L.A. Eles me convidaram para ingressar na equipe editorial, coisa que eu fiz. E é uma experiência e tanto; e o que aprendi foi isto: que existem tantos, *tantos* escritores escrevendo que não sabem escrever em absoluto, e eles continuam escrevendo na boa todos os clichês e temas batidos, e enredos de 1890, e poemas sobre Primavera e poemas sobre Amor, e poemas que eles acham que são modernos porque são compostos em gíria ou estilo staccato, ou escritos com os "is" pequenos, ou, ou, *ou*!!!... Veja bem, não posso ingressar no *Experiment Group*, mas é uma honra para mim que a senhora tenha me convidado a entrar. Simplesmente – como a senhora deve saber, devido ao seu próprio colapso nervoso – não há tempo suficiente – eu tenho meu trivial e cansativo emprego de 44 horas por semana e salário baixo, e frequento escola noturna 4 noites por semana, duas horas por noite, mais uma ou duas horas adicionais de dever de casa. Estou cursando Arte Comercial pelos próximos dois anos, se eu persistir (esse é o esquema da escola noturna), e além disso acabei de começar meu primeiro romance, *A Place to Sleep the Night*. Estou sendo muito prolixo em lhe contar tudo isso, então se eu *não* lhe mandar algumas peças de um minuto a senhora saberá por quê. De qualquer maneira, se eu bem me conheço, a senhora vai receber tentativas minhas. Não creio, porém, que a forma teatral mexa comigo como deveria. Veremos.

1958

Os quatro poemas mencionados abaixo foram publicados na primeira edição da Nomad *em 1959.*

[Aos editores da *Nomad*]
Setembro de 1958

Fico grato por saber que os senhores gostaram de 4 dos poemas. É um número de atacado, uma injeção de ânimo por um belo tempo vindouro. Ou o campo da poesia está se abrindo, ou eu estou, ou então ambos estamos. De todo modo, isso é legal, e eu preciso me permitir um sentimento legal de vez em quando. [...]

Quanto a mim, devo parecer bastante velho para estar me lançando na poesia: fiz 38 neste último 16 de agosto e me sinto, aparento e ajo como um sujeito bem mais velho. Ando trabalhando com poesia nestes últimos dois anos depois de um apagão de mais ou menos 10 anos, infligido por mim mesmo, suponho, um período um tanto infeliz, mas que não deixou de ter seus momentos. Não sou do tipo que lamenta o desperdício desenfreado como perda total – há música em tudo, até mesmo na derrota –, mas ir parar num leito de morte numa ala de hospital meio que me desacelerou, me proporcionou aquela velha pausa para pensar. Eu me vi escrevendo poesia: um estado dos diabos. Eu havia, nos meus primeiros tempos, trabalhado com o conto, ganhando um belo incentivo de Whit Burnett, descobridor de W[illiam] Saroyan e outros e fundador da então famosa revista *Story*. Whit por fim pegou uma – eu costumava lhe mandar 15 ou 20 histórias por mês, e quando elas voltavam eu as rasgava – lá em 1944, quando eu tinha 24, era doce e fogoso. Emplaquei 3 ou 4 histórias na *Matrix* e uma num periódico internacional da época chamado *Portfolio*, e aí joguei mais ou menos tudo pela janela, até uns dois anos atrás, quando comecei a escrever exclusivamente poesia. No primeiro ano ninguém mordeu a isca, e aí fui publicado (e assim voltamos aos dias atuais) por *Quixote*, *Harlequin*, *Existaria*, *The Naked Ear*, *The Beloit Poetry Journal*, *Hearse*, *Approach*, *The Compass Review* e *Quicksilver*. Tive trabalhos aceitos para futura publicação em *Insert*, *Quixote*, *Semina*, *Olivant*, *Experiment*, *Hearse*, *Views*, *The Coercion Review*, *Coastlines*, *Gallows* e *The San Francisco Review*. A *Hearse* vai lançar um livreto de poemas meus *Flower, Fist and Bestial Wail* no início do ano que vem... Frequentei o L.A. City College quando era garoto e cursei uma aula de jornalismo, mas o mais perto que já cheguei de um jornal é a cada 2 ou 3 dias, quando folheio algum com um interesse bem mirrado. Voltei à escola noturna lá cerca de um ano atrás e cursei algumas aulas de arte, comercial e outras, mas aí, de novo, eles se moviam devagar demais para mim e queriam obediência demais. Não tenho nenhum talento ou ofício definido, e como consigo ficar vivo é em grande medida uma questão de mágica. É mais ou menos isso – vocês podem tirar daqui as poucas linhas das quais precisam.

1959

[Para Anthony Linick]
6 de março de 1959

[...] Eu diria que vários dos nossos poetas, os honestos, admitiriam que não têm manifesto algum. É uma confissão dolorosa, mas a arte da poesia traz em si seus próprios poderes, sem ter de desmembrá-los em listagens críticas. Não estou querendo dizer que a poesia deveria ser um palhaço malucão e irresponsável atirando palavras ao vazio. Mas a própria sensação de um bom poema traz em si sua razão de ser. Tenho noção da Neocrítica e da Nova Neocrítica e da escola de pensamento do Violão Azul, da escola inglesa transmitida por Paris Leary, da forte escola imagética de *Epos* e *Flame* etc. etc., mas tudo isso são demandas em estilo e modo e método mais do que em conteúdo, embora tenhamos certas restrições aqui também. Mas essencialmente a Arte é sua própria desculpa, e ou é Arte ou é outra coisa. Ou é um poema ou é um pedaço de queijo.

O "Manifesto: um chamado aos nossos próprios críticos" de Bukowski apareceu na Nomad *5/6, em 1960.*

[Para Anthony Linick]
2 de abril de 1959

[...] Enquanto escrevo, devo mencionar que o ensaio do "manifesto" que mandei ontem (acredito) agora está me incomodando. Embora eu não tenha o original por perto, creio ter usado a expressão "leave us be fair".* Isso tem me deixado acordado em meu quente catre solitário (as putas, por agora, andam se deitando com tolos menos comprometidos). Acredito que "let us be fair"** é mais correto. Ou não é? Algum gramático na *Nomad*? Em minha juventude (ó, velozes anos!), recebi um D em Inglês no bom e velho L.A.C.C. por aparecer todas as manhãs às 7:30 de ressaca. Não era tanto a ressaca quanto o fato de que a aula começava às 7:00, quase sempre com uma cornetada capturadora de Gilbert e Sullivan que, tenho certeza, teria me matado. Em Inglês II recebi um A ou B porque a aula era dada por uma professora que me pegava olhando constantemente suas pernas. Tudo isso para dizer que minha compenetração na gramática não foi das mais fervorosas, e, quando escrevo, é pelo amor à palavra, à cor, como jogar tinta numa tela, e, usando bastante ouvido e tendo lido um pouco aqui e ali, geralmente consigo me sair mais ou menos bem, mas em termos técnicos não sei o que está acontecendo, tampouco me importo. Sejamos justos. sejamos justos. sejamos...

[Para Anthony Linick]
22 de abril de 1959

[...] Preciso sair correndo, agora, para pegar o primeiro páreo. Obrigado por atenuar o golpe na minha fraqueza gramatical mencionando que alguns dos seus amigos de faculdade têm problemas para estruturar frases. Acho que alguns escritores sofrem mesmo dessa sina, sobretudo por-

* "Deixem-nos ser justos". (N.T.)

** "Sejamos justos". (N.T.)

que no íntimo são rebeldes e as regras gramaticais, como muitas das outras regras de nosso mundo, demandam um arrebanhamento e uma confirmação que o escritor natural abomina por instinto, e, ademais, seu interesse reside no âmbito mais amplo do assunto e do espírito... Hemingway, Sherwood Anderson, Gertrude Stein, Saroyan foram alguns que reformularam as regras, especialmente na pontuação e no fluxo ou na quebra das frases. E, claro, James Joyce foi ainda mais longe. Temos interesse por cor, forma, significado, *força*... os pigmentos que assinalam a alma. Mas sinto que há uma diferença entre ser um não gramático e ser iletrado, e é aos iletrados e aos despreparados, os tão apressados em publicar com estardalhaço que não vasculharam as eras em busca de um sólido e básico trampolim, que lanço minha censura. E com absoluta certeza a escola da *Kenyon Review* leva um fio de vantagem sobre nós aqui, embora eles tenham extrapolado tanto que seu fio criativo ficou cego.

James Boyer May editou e publicou a Trace*, em que trechos da correspondência de Bukowski apareceram em diversas edições.*

[Para James Boyer May]
Início de junho de 1959

[...] Quanto àqueles que têm alguma dúvida quanto à minha aptidão psicológica, sinto que isso deriva de um entendimento errôneo da minha intenção poética. Não elaborei meus poemas com cauteloso arbítrio, caindo mais numa fortuita e cega formulação de palavreado, um conceito mais fluente, na esperança de um caminho mais novo e vívido. Eu de fato personalizo, por vezes, mas isso é só pela graça e pelo elã da dança.

Os quatro poemas de Bukowski publicados na Nomad *1 foram resenhados desfavoravelmente na* Trace *32 por J. W. Noble (1959).*

[Para Anthony Linick]
15 de julho de 1959

Em privado agora, eu gostaria de comentar com você sobre a Nobre Cadela na *Trace* 32. O motivo pelo qual esse embaixador, esse conservador dos salões dos ícones e sectários religiosos, dos colhedores de rondós e cheiradores de lírios, o motivo pelo qual esse salafrário pode se arvorar crítico especial da perícia literária é algo que não consigo dispensar com um mero argumento escolástico. Preciso de um antisséptico mais forte.

A área fervilha de periódicos literários, uma grande lavagem lamacenta deles para quem deseja continuar na descendente, sejam gnósticos, florzinhas ou avós que cuidam de canários e peixinhos dourados. O motivo pelo qual esses reacionários não podem se contentar com o que lhes cabe, pelo qual precisam nos dilacerar com os amarelos nós dos dedos de suas almas, o avultante monstro marinho de sua divindade, é algo além da minha compreensão. Eu por certo não dou magníloqua mínima para o que eles publicam em *seus* periódicos: não peço esmolas ao verso moderno. Mas eles vieram puxar briga conosco. Por quê? Porque sentem cheiro de vida e não suportam isso, querem nos mergulhar na mesma escuma escarrada que os fez destros com o deísmo do verso rançoso de 1890.

O sr. Noble acredita que estou sendo atrevido e sexy quando falo de "manusear sem jeito seios chatos". Não existe nada menos sexy, se bem que certamente existem coisas menos atrevidas. São uma tragédia da poesia e da vida, esses seios chatos, e aqueles entre nós que *vivem* a vida bem como escrevem sobre ela devem se dar conta de que, estendendo além do limite os nossos sentimentos a respeito, poderíamos muito bem ignorar a queda de Roma, ou ignorar o câncer, ou as peças para piano de Chopin. E "jogar dados com Deus" vai ser mais ou menos o único jogo restante quando o ar for regalado com lampejos purpúreos e as montanhas abrirem bocas em rugido e os esplêndidos foguetes prometerem apenas uma aterrissagem no inferno.

Talvez eu esteja sendo indiscriminado ao não digerir o sr. Noble. Mas sua perturbação em função de coisas que não parecem se assemelhar com semelhanças talvez assinale que o egoísmo esteja em outro lugar. Conquistei os periódicos conservadores com verso conservador, mas não lhes pedi "venham, me aliciem!". Meramente sorri, pensando: aterrissei no território do inimigo, e me deitei com as piranhas deles, brinquei com seios tanto chatos quanto deliciosamente não-tão-chatos, e caí fora às escondidas, sem marcas, livre, ainda rapace por natureza, macho, rosnador e engenhoso. Deve ser a isso que o sr. Noble se referiu quando disse que "o sr. Bukowski tem um talento". Foi muita gentileza dele. E eu gostei dos seios menos chatos.

[Para James Boyer May]
13 de dezembro de 1959

Uma noite dessas fui visitado por um editor e um escritor (Stanley McNail da *Galley Sail Review* e Alvaro Cardona-Hine), e o fato de que me encontraram numa condição bagunçada e desgrenhada não é de modo algum totalmente culpa minha: a visita foi tão inesperada quanto um ataque com bomba de hidrogênio. Minha pergunta é a seguinte: um escritor se torna propriedade pública que pode ser saqueada sem aviso quando de sua publicação ou ele conserva o direito à privacidade como cidadão pagador de impostos? Por acaso seria grosseiro dizer que a única eucaristia de inumeráveis artistas é (ainda) o isolamento em relação a uma sociedade que se fecha meio rápido demais, ou isso não passa de algo em desuso?

Não sinto que seja pedante ou ignóbil exigir liberdade em relação ao opiáceo do espírito de casta e fraternidade-sanguessuga que domina uma quantidade enorme das nossas assim chamadas publicações de vanguarda.

...Bem, o editor pelo menos tomou uma cerveja comigo, embora o escritor não quisesse tomar nada – então eu bebi por nós dois. Discutimos Villon, Rimbaud e as *Flores do mal* de Baudelaire. (Pareceu ser uma noite bastante francesa, com meus dois visitantes muito cuidadosos em usar o título francês das obras de B.) Também discutimos J. B. May, Hedley, Poots, Cardona-Hine e Charles Bukowski. Impugnamos e caluniamos e rodeamos. Exaustos afinal, o editor e o escritor se levantaram. Eu menti, disse que tinha sido legal recebê-los, os ajudantes de caça e os cogumelos comestíveis, as verrumas e as verrugas, a luz lúrida de Lúcifer. Eles saíram e eu estourei outra cerveja, esbofeteado pela licenciosidade do moderno editorialismo americano... Se isso é escrever, se isso é poesia, eu peço um helminto-antideus: ganhei $47 em 20 anos escrevendo, e acho que a soma de $2 por ano (omitindo selos, papel, envelopes, fitas, divórcios e máquinas de escrever) habilita o sujeito à privacidade especial de uma insanidade especial, e, se eu precisar ficar de mãos dadas com deuses de papel para promover uma riminha miserável, vou optar pelo cisto, pelo paraíso da rejeição.

[Para James Boyer May]
29 de dezembro de 1959

[...] Muitas vezes assumi a posição isolacionista de que só o que importa é a criação do poema, a pura forma artística. Qual é o meu caráter, ou em quantas cadeias eu vadiei, ou alas ou paredes ou festejos alcoólicos, de quantas leituras de poesia do coração solitário eu me esquivei, nada disso vem ao caso. A alma de um homem ou a falta dela ficará evidente com o que ele conseguir cinzelar numa folha em branco. E se eu consigo ver mais poesia na corrida de Santa Anita ou bêbado sob a bananeira do que num recinto enfumaçado de rima lavanda, isso é problema meu, e só o tempo dirá qual era o clima mais adequado, não um editor jumento de segunda categoria com medo da conta da gráfica e tentando inflar as assinaturas e contribuições de mimo. Se a garotada está tentando ganhar um milhão, há sempre o mercado, as viúvas solitárias do método John Dillinger.

Que não descubramos algum dia que a poesia de Dillinger era melhor do que a nossa e que a *Kenyon Review* estava certa. Neste exato momento, sob a bananeira, estou começando a ver pardais onde outrora vi falcões, e sua canção não é amarga demais para mim.

1960

[Para James Boyer May]
2 de janeiro de 1960

[...] sim, as "pequenas" são todas umas irresponsáveis (a maioria) dirigidas por jovens, ávidas pelo jorro universitário, realmente esperando descolar uma grana do troço, começando com ideais fogosos e amplas ideias, longas papeletas explicativas de rejeição, e minguando, por fim, até deixar a pilha de originais atrás do sofá, ou no armário, alguns deles perdidos para sempre e jamais respondidos, e por fim lançando uma medíocre seleção alinhavada e picaretada de poemas tipograficamente remendados antes de se casar e desaparecer de cena com algum comentário do tipo "falta de apoio". Falta de apoio? Quem diabos são *eles* para consegui-lo? O que fizeram além de se camuflar atrás da fachada da Arte, bolar o nome de uma revista, registrá-la e esperar pelas assinaturas dos mesmos 200 ou 300 nomes cansados que parecem pensar que são os poetas da América porque certo jumento com 22 anos de idade com um bongô e uma nota solta de 50 dólares aceita sua pior poesia.

[Para Guy Owen]
Início de março de 1960

É possível ser "conservador" e ainda publicar poesia boa. Tanto do que é "moderno" tem uma espécie de ostensiva concha espalhafatosa que pode ser feita por rapazes sem experiência ou sentimento (ver *Hearse*). Há falsos poetas em todas as escolas, pessoas que simplesmente não fazem parte. Mas eles acabam desaparecendo, porque as forças da vida os absorvem com algo diferente. Os poetas são jovens na maioria simplesmente porque não foram apanhados. Mostre-me um poeta velho e eu lhe mostro, com grande frequência, ou um louco ou um mestre. E, suponho, pintores também. Hesito um pouco aqui, e, embora eu pinte, essa não é a minha área. Mas suponho que seja similar, e estou pensando no velho zelador francês de um dos últimos lugares onde fui empregado. Um zelador de meio período, costas curvadas, bebedor de vinho. Descobri que ele pintava. Pintava por meio de uma fórmula matemática, uma computação filosófica da vida. Anotava por escrito antes de pintar. Um esboço gigantesco a partir do qual pintava. Ele falava de conversas com Picasso. E eu não conseguia deixar de rir. Lá estávamos nós, um despachante e um zelador, discutindo teorias estéticas enquanto ao nosso redor, por todos os lados, homens acumulando salários 10 vezes maiores do que o nosso se perdiam no limbo, tentando alcançar o fruto podre. O que isso revela sobre o estilo de vida americano?

[Para Jon E. Webb]
29 de agosto de 1960

[...] Para o caso de você querer uma bio... você pode peneirar algo desta bagunça. Nascido 16-8-20, Andernach, Alemanha, não sei falar sequer uma palavra em alemão, inglês ruim também. Os editores dizem, razão nenhuma,

Bukowski, você não sabe escrever ou datilografar direito ou precisa continuar usando a mesma droga de fita. Bem, eles não sabem que essa fita se emaranhou com o meu cordão umbilical e desde então eu só fico tentando retornar à mãe. E não me dá vontade de escrever direito... Acho as palavras mais bonitas com poder de fogo escritas errado. De qualquer maneira, sou um velho agora. 40. Mais misturado com argamassa de grito e apuro vertiginoso do que aos 14 e velho limpou bunda ao som de variadas canções anticlássicas. Onde estávamos? Deixe-me empinar esta cerveja de novo... tive notícia da *Targets* hoje de manhã. Pegaram 6 poemas para a edição de dezembro. "Horse on Fire", "Pull me Thru the Temples" e outras merdas. Tenho outro poema, "Japanese Wife", para edição de setembro. Isso é legal e vai me permitir viver por mais 3 ou 4 semanas. Faço essa menção porque isso me deixa feliz a meu modo e estou bebendo cerveja agora. Não é tanto pela fama da publicação, mas mais pela sensação boa de que talvez você não seja maluco e algumas das coisas que diz são entendidas. Essa maldita cerveja é tão boa olhando pela janela ensolarada, ho, ho, nenhuma maldita mulher por perto, nenhum cavalo de focinho curto, nenhum câncer, nenhum Rimbaud ou DeMass apodrecendo de sífi, apenas flores cor de laranja sem abelhas e a podre relva calif. sobre os podres ossos calif. Mas espere. Estourar outra cerveja. Vou ficar em Del Mar por 3 ou 4 dias e arranjar o dinheiro do aluguel, descobri um código novo para focinhos curtos.

Comecemos outro parágrafo. Ger[trude] Stein teria me dito isso. Mas o que é Ger St. é algo diferente. Todos temos razão a nosso próprio modo só que alguns entre nós dispõem do auxílio das abelhas e dos deuses e das luas e dos tigres bocejando nas tremendas cavernas escuras cheias de Serg[ei] Rachmaninoff e César Franck e fotos e [Aldous] Huxley conversando com [D. H.] Lawrence sobre o vinho derramado. Que droga: bio, bio, bio... eu me odeio, mas preciso avançar. Isso é blablabuk, bem, jesus, sei lá, esmurrei o velho numa noite em que eu estava bebum, 17, e me mandei da cidade. Ele não reagiu e isso me deixou mal porque aquilo era parte de mim... me encarando do sofá, covarde fracote. Atravessei essa podridão toda dos estados U. trabalhando por nada de modo que outros pudessem ter algo. Não sou comuna, não sou político, mas essa é uma configuração ruim. Trabalhei em matadouro, fábrica de biscoito canino, Di Pinna's de Miami, menino de recados na *Item* de Nova Orleans, banco de sangue em Frisco, colei pôsteres nos metrôs de Nova York 12 metros abaixo do céu bêbado saltitando por lindos trilhos condutores dourados, algodão em Berdo, tomates; despachante de mercadorias, motorista de caminhão, vulgar apostador de cavalos, esquentador de banquinhos de bar em todos os cantos de uma nação com despertador maçante, sustentado por concubinas de vida fácil; capataz em empresa noticiosa, Nova York, repositor de estoque na Sears-Roebuck, frentista, carteiro... Não consigo me lembrar de tudo, é tudo um tanto banal e comum e qualquer homem que você vê ao seu lado na fila do desemprego já fez as mesmas coisas [...]

Onde estávamos??? Jesus. De qualquer maneira, durante tudo isso, escrevi um poema ou outro, publiquei na *Matrix*, e aí perdi o interesse pela poesia. Comecei a foder com o conto. A propósito, recebi uma carta de [Evelyn] Thorne, que lança um monte da minha poesia mais sofisticada e clássica – ah, bosta, consigo escrever de qualquer jeito, não presto pra nada – me xingando por usar linguage suja. Mas espere. Vejamos. O conto. Whit Burnett da velha revista *Story* publicou meu primeiro em 1944. Eu era um garoto de 24 anos morando na época no Greenwich Village e me dando conta no primeiro dia de que o Village estava morto, um poste indicando que alguém certa vez tinha estado ali. Merda, o escárnio. Recebi uma carta de uma agente me convidando para almoço e drinques... quer conversar comigo e agenciar o meu material. Respondi que eu não podia encontrá-la, não estava pronto, não conseguia escrever, e adeus, tomei meu próprio drinque embaixo da cama em forma de garrafa de vinho. Fui parar em pousada de Father Divine às seis da manhã, trancado fora do quarto, congelando em mangas de camisa. Você não pediu uma bio, pediu, Webb? Na verdade, quediabo, você nem aceitô um dos meus poema?

Bem, de qualquer maneira, conto aqui e ali, não muitos aceitos. Eu mandava correio aéreo para *Atlantic Monthly* e se não aceitavam eu rasgava. Não sei quantas milhares de obras-primas eu rasguei. Pró-nada. Várias pessoas no caminho tentando me fazer partir pro romance. Que se fodam. Nem por Khrushchev eu partiria pro romance. Esqueci tudo por um tempo, 10, 15 anos não escrevi. Não consegui passar por Secrestarista para entrar no Exército. Sensação boa. Usei calça curta virada pra trás mas não intencional depois de 4 semanas bêbado. Achavam que eu tava doido, os filhodaputa maluco!

Bem, veja só, Wegg, ou melhor, Webb, deixe-me pegar mais uma cerveja. Estou ficando preocupado com você passar 21 dias sem um gole de bebida, isso precisa PARAR. Fui acabar certa vez na ala de caridade de um hospital... sangue hemorrágico saindo que nem chafariz da bunda e da boca... me deixaram atirado por 2 dias antes de encostar em mim, então lhes deu na cabeça que eu tinha conexões com o submundo e bombearam 3 litros de sangue e 4 litros de glicose para dentro de mim sem parar. Eles me falaram que se eu alguma vez bebesse de novo eu estava morto. 13 dias depois eu estava dirigindo um caminhão, levantando pacotes de 20 quilos e bebendo vinho barato cheio de enxofre. Não entenderam o lance: eu *queria* morrer. E pela experiência de certos suicídios: a forma humana *pode* ser mais dura que o aço.

Mas espere um minuto Webb onde estávamos?

De qualquer maneira, eu saí desse apagão 10, 15 anos bêbado, concubinas, terror, nozes nos lençóis, cascas de nozes, camundongos pulando como foguetes pelos quartos 3 semanas atrasado no aluguel por sonhos de ressaca, batatas verdes, pão roxo, o amor de gordas mulheres cinzentas para fazer você chorar suas enormes barrigas de batata e amor seco e rosário embaixo do travesseiro e fotos de impuras crianças... nada que faça um homem se sentir selvagem e audaz porque ele simplesmente quer se estranhar. As mulheres eram melhores do que nós. Todas, uma por uma. Não existe isso de puta. Fui roubado e esmurrado e aviltado com todas elas, eu repito, não existe isso de puta. As mulheres não são assim por natureza. Os homens são. O termo é prostituição. Eu fui um. Ainda sou. Mas avancemos.

De qualquer maneira, dez ou 15 anos depois comecei a escrever de novo... com 35 de idade, mas dessa vez saiu tudo POESIA. Que diabo? Do jeito que eu via – era uma salvação das palavras... Ger. teria gostado disso, posto que eu esteja desperdiçando um monte de palavras aqui, tenho certeza de que serei perdoado... porque alguém ligou seu cortador de grama elétrico e WHIRRRRR CLICKWHRRIRR, não tem problema com todo esse sol entrando e tem algo no rádio... não sei o quê... devo ter ouvido apenas uma ou

2duas vezes, tão cansado da mesma coisa... Beethoven, Brahms, Bach, Chick etc...

De qualquer maneira, eu fui adiante com o pequeno poema porque gostava e parecia ok. Agora estou ficando um pouco cansado e não sei bem o quê.

De qualquer maneira, publiquei aqui e ali, gaveta cheia das revistinha onde deviam estar camisas.

Gostaria de dizer que tenho ou *tive* alguns deuses – Ezra P. antes de iniciar corres. com uma ex-amante [Sheri Martinelli]... Ainda há, entretanto, [Robinson] Jeffers. Eliot me parecia um oportunista, indo aonde os deuses mais lisos davam os dons mais quietos, o que é ótimo e gentio, mas não humano e o rugido do sangue de algum vagabundo morrendo no beco imundo em roupa de baixo que não foi lavada por 4 semanas. Não estou exatamente espancando Eliot, estou espancando a educação e seus dentes falsos. Eu conseguiria e consigo obter mais conhecimento da vida conversando com um lixeiro do que eu conseguiria conversando com T. S., ou, no que diz respeito ao assunto, com você, Jon E. W. Onde nós estávamos? [...]

Ouça, Jon, espero que você consiga encontrar um poema. Em algum lugar entre as melodias sangrentas... sei lá, estou cansado... em tudo que é canto as pessoas regam os gramados... bocado. Bem, ouça, essa foi a bio.

perdi minha caneta,

vamos lhes dar uma paulada mortal com palavrório de Alcatraz...

Stefanile publicou um poema de Bukowski em The Sparrow *14 (1960).*

[Para Felix Stefanile]
19 de setembro de 1960

Nenhum "rato de biblioteca ou maricas" eu sou...

Sua crítica correta: poema submetido era largado, desleixado, repetitivo, mas eis aqui o fulcro: não consigo TRABALHAR um poema. Poetas demais trabalham seu material conscientemente demais, e quando você vê o trabalho deles publicado eles parecem estar dizendo... veja só, meu velho, dê uma olhada neste POEMA. Eu até poderia dizer que um poema *não* deveria *ser* um poema, mas mais um naco de algo que calhou de sair direito. Não acredito em técnica ou escolas ou maricas... acredito em agarrar as cortinas como um monge bêbado... e arrancá-las, rasgá-las, rasgá-las, rasgá-las...

Espero lhe submeter algo de novo, e, acredite em mim, aprecio muito mais uma crítica do que um "sinto muito" ou "não" ou "abarrotados".

[Para Jon Webb]
Final de setembro de 1960

[...] Também recebi o seu novo cartão hoje, devo concordar com você que a gente pode ficar conversando sem parar sobre poesia e sobre a vida, e eu tiro mais estando na companhia de pessoas – quando preciso estar – que nunca ouviram falar de Dylan ou Shakey ou Proust ou Bach ou Picasso ou Remb. ou disco de cores ou o quê. Conheço um par de lutadores (um com uma sequência de 8 vitórias em andamento), um ou outro apostador de cavalos, algumas putas, ex-putas, e os alcoólatras; mas os poetas são ruins na digestão e na sensibilidade, e eu poderia reforçar isso, mas por outro lado eles são provavelmente melhores do que eu os faço parecer, e há muita coisa de errado comigo. [...]

Concordo com você sobre a "poesia poética", e sinto um tanto que quase toda a poesia escrita, no passado e no presente, é um fracasso porque a intenção, o viés e o sotaque não são um entalhe como pedra ou comer um bom sanduíche ou beber uma boa bebida, mas mais como alguém dizendo: "Olha, escrevi um poema... veja o meu POEMA!".

[Para W. L. Garner]
9 de novembro de 1960

[...] Acredito que uma quantidade grande demais de poesia está sendo escrita como "poesia" em vez de conceito. Com isso eu quero dizer que nos esforçamos demais para fazer com que essas coisas *soem* como poemas. Foi Nietzsche quem disse, quando perguntado sobre os poetas: "Os Poetas? Os Poetas mentem demais!". A forma-do-poema, por tradição, nos permite dizer muito em pouco espaço, mas quase todos nós andamos dizendo *mais* do que sentimos, ou, quando nos falta a habilidade de ver ou entalhar, nós substituímos a dicção poética, da qual a palavra ESTRELA é nababo e principal executor.

[Para Jon Webb]
11 de dezembro de 1960

[...] Muito tempo atrás você me disse que estava rejeitando "nomes" a torto e a direito. Ao que parece, então, você está selecionando de acordo com o seu gosto, o que é só o que qualquer editor pode fazer. Fui certa vez editor da *Harlequin* e tenho uma ideia das coisas que surgem tentando se passar por poesia – quanta poesia medíocre, amadora, pretensiosa e sem originalidade a gente pode receber pelo correio. Se publicar "nomes" significa publicar poesia boa... cabe aos não nomes escrever poesia boa o bastante para entrar. Meramente rejeitar "nomes" e publicar poesia de segunda mão de desconhecidos... é isso que eles querem?... uma forma de nova inferioridade? Deveríamos jogar fora Beethoven e Van Gogh em troca das cantigas ou bobagens musicais da dama do outro lado da rua porque ninguém sabe o nome dela? Enquanto estive na *Harlequin*, só fomos capazes de publicar UM poeta até então inédito, um garoto de 19 anos saído do Brooklyn, se eu me lembro. E isso... apenas cortando trechos inteiros dos 3 ou 4 poemas que ele mandou. E depois ele nunca mais mandou qualquer coisa que valesse sequer parcialmente a pena. E recebíamos as nossas cartas também, cartas amargas de reclamação enviadas por conhecidos e desconhecidos também. Eu ficava acordado metade da noite escrevendo rejeições de 2 ou 3 páginas explicando por que razão eu sentia que os poemas não se adequavam – isso em vez de escrever "sinto muito, não.", ou da rejeição de fora do impresso. Mas o sono perdido era em vão; os poemas que não escrevi, eu devia ter escrito; as bebedeiras, as peças, as corridas de cavalo que perdi, eu não devia ter perdido;

as óperas, as sinfonias... porque tudo que eu recebia de volta por TENTAR, tentar ser decente e caloroso e franco... eram cartas amargas e rosnadoras, cheias de xingamento e vaidade e guerra. Eu não teria me importado com uma sólida análise de meus erros – mas as missivas choramingadoras e rosnadoras – não, nem a pau. É muito esquisito, eu pensava, como as pessoas podem ser tão absolutamente "de merda" (para usar uma expressão delas) e escrever poesia também. Mas agora, depois de conhecer algumas delas, eu sei que é inteiramente possível. E não me refiro à luta limpa, ao rebelde, à coragem; eu me refiro aos desmiolados desesperados por glória, loucos por dinheiro, espiritualmente ananicados.

Em "Horse on Fire", publicado na Targets *4 em 1960, Bukowski rebaixa os* Cantos *de Pound.*

[Para W. L. Garner e Lloyd Alpaugh]
Final de dezembro de 1960

[...] O velho Ez[ra Pound] provavelmente vai cuspir fora seus dentes quando ler "Horse on Fire", mas até os grandes podem às vezes levar uma vida errada e cabe a nós, os pequenos, corrigir seus modos à mesa. E Sheri Martinelli vai lamuriar, mas por que ficaram se debulhando em lágrimas com seu precioso canto e depois me contaram? Sou um homem perigoso quando me deixam à solta com uma máquina de escrever.

1961

[Para Jon Webb]
Final de janeiro de 1961

[...] É quando você começa a mentir a si mesmo num poema de modo a simplesmente *fazer* um poema que você fracassa. É por isso que eu não retrabalho poemas, mas os liberto na primeira sessão, porque se eu menti originalmente não adianta nada cravar os pregos à força, e, se eu não menti, bem, que diabo, não preciso me preocupar com nada. Consigo ler alguns poemas e sentir direitinho como eles foram lixados e rebitados e polidos. A gente vê um monte de poesia desse tipo agora na *Poetry* de Chicago. Você vai virando as páginas e nada além de borboletas, borboletas quase exangues. Fico efetivamente chocado quando passo meus olhos por essa revista, porque não tem nada acontecendo. E acho que essa é a ideia deles do que é um poema. Digamos, algo não acontecendo. Algo bem alinhado, tão sutil que você não consegue nem sentir. Isso transforma o negócio todo em arte inteligente. Caralho! A única coisa inteligente numa arte boa é se ela nos abala mortalmente, caso contrário é baboseira, e como é que pode ela ser baboseira e estar na *Poetry* de Chi? Responda você.

Em 1956, quando comecei a escrever poesia com a decrépita idade de 35 depois de cuspir fora meu estômago pela boca e pela bunda, e eu tenho bom senso suficiente para não beber mais uísque se bem que uma dama alegou que eu estava cambaleando perto da casa dela na noite de sexta passada bebendo vinho do porto – em 1956 eu mandei à *Experiment* um punhado de poemas que (os quais) eles aceitaram, e agora 5 anos depois me dizem que vão publicar um deles – eis uma reação tardia, se eu alguma vez vi uma. Me disseram que vai sair em junho de 1961, e quando eu ler, acho, vai ser como um epitáfio. E aí ela sugeriu que eu lhe mandasse dez dólares e ingressasse no *Experiment Group*. Naturalmente, declinei. Cristo, dez a mais hoje no Togetherness nas corridas do meio teriam me deixado assobiando utopias pelo ânus.

Corrington me diz que acha que Corso e Ferlinghetti mandam bem. Não sou realmente um leitor tão aprofundado quanto deveria ser. Mas acho que o poeta moderno precisa ter em si o veio da vida moderna, e já não podemos mais escrever como Frost ou Pound ou Cummings ou Auden, eles parecem um pouco fora dos trilhos, como se estivessem em descompasso. No meu jeito de ver, Frost sempre esteve em descompasso e se safou com besteira demais. E claro, eles o montam como um boneco morto na neve e o deixam soltar seu palavrório por sua perspicaz visão moribunda na solenidade inaugural. Uma beleza, de fato. E vai bastar mais uma dessas coisas para eu tentar arranjar uma carteirinha do partido comunista ou uma velha braçadeira preta ou algum veado para me desvirtuar como ele bem quiser. Espero nunca ficar tão velho a ponto de não conseguir recordar, mas, é óbvio, Frost sempre jogou pelo favorito, e, se alguma vez ele chegou a gostar de uma aposta insana de 60 contra um, ficou de boca calada. [...]

Houve um tempo em Atlanta quando eu mal conseguia enxergar a ponta do fio de luz – estava cortado e não havia nenhuma lâmpada e eu estava num barraco de papel em cima da ponte – aluguel de um dólar e 25 centavos por semana – e o frio era de congelar e eu estava tentando escrever mas acima de tudo eu queria algo para beber e a minha Califórnia ensolarada era longínqua, e eu pensei, ora, que inferno, vou arranjar um calorzinho, e levantei os braços e agarrei os fios na minha mão mas eles estavam sem energia e saí para fora e parei embaixo de uma árvore congelada e olhei através de um caloroso vidro coberto de gelo certo merceeiro vendendo a certa mulher um naco de pão e eles ficaram ali parados por dez minutos conversando sobre nada, e olhei os dois e falei eu juro eu juro, que vá tudo pro *inferno*!, e contemplei o alto da árvore branca congelada e seus galhos não apontavam para lugar nenhum, apenas para um céu que não sabia o meu nome e me falou então: não o conheço e você não é nada. E como eu senti aquilo. Se existem deuses, a tarefa deles não é nos torturar e nos testar para ver se somos aptos para o futuro mas nos fazer algum maldito bem dos deuses no presente. O futuro é só um mau pressentimento; Shakespeare nos disse isso – caso contrário todos nós iríamos voando para lá. Mas é só quando um homem chega ao ponto de uma arma em sua boca que ele consegue ver o mundo inteiro dentro de sua cabeça. Qualquer outra coisa é conjectura, conjectura e conversa furada e panfletos.

[Para Jon Webb]
25 de março de 1961

[...] o que me incomoda é quando leio sobre os velhos grupos de Paris, ou alguém que conhecia alguém nos velhos tempos. Eles faziam na época também, os nomes antigos e agora. Acho que Hemingway está escrevendo um livro a respeito agora. Apesar de tudo, porém, não consigo cair nessa. Não suporto escritores ou editores ou qualquer um que queira falar de Arte. Por 3 anos morei num hotel de um beco imundo – antes da minha hemorragia – e ficava bêbado todas as noites com um ex-presidiário, a arrumadeira do hotel, um indiano, uma moça que parecia usar uma peruca mas não usava e 3 ou 4 andarilhos. Ninguém sabia diferenciar Shostakovich de Shelley Winters e nós pouco nos lixávamos. A coisa mais importante era encarregar alguém de sair correndo em busca de birita quando ficávamos sem. Começávamos pelo fim da fila, com o nosso pior corredor, e se ele falhasse – você precisa entender, na maior parte do tempo havia pouco ou nenhum dinheiro – nós íamos um tantinho mais fundo, com o sujeito que era um pouco menos pior. Acho que é bazófia, mas eu era cavalo campeão. E quando o último entrava cambaleando pela porta, pálido e envergonhado, Bukowski se levantava com uma invectiva, vestia seu manto andrajoso e mergulhava com raiva e confiança noite adentro, rumo à Dick's Liquor Store, e eu dava um golpe no cara e o forçava e espremia até que ele ficava tonto; eu entrava com imensa raiva, sem mendicância, e pedia o que queria. Dick nunca sabia se eu tinha algum dinheiro ou não. Às vezes eu o enganava e tinha dinheiro. Mas na maior parte das vezes eu não tinha. Mas de qualquer maneira ele estalava as garrafas na minha frente, botava elas num saco, e aí eu as pegava com um raivoso "Coloca na minha conta!".

E aí ele começava com a velha dança – mas, jesus, cê já me deve tanto e tanto, e você não fez nenhum pagamento em um mês e...

E aí vinha o ATO DE ARTE. Eu já tinha as garrafas na minha mão. Não seria nada sair caminhando. Mas eu as estalava de novo no balcão diante dele, arrancando-as do saco e empurrando-as na direção dele, dizendo "Toma, você *quer* essas coisas! Vou fazer meu maldito negócio em outro lugar!".

"Não, não", ele dizia, "leve-as. Não tem problema."

E aí ele tirava aquele triste papelzinho e adicionava o valor ao total.

"Deixa eu ver isso", eu exigia.

E aí eu falava: "Pelo amor de Deus! Eu não lhe devo *tanto* assim! Que item é esse aqui?".

Tudo isso era para fazê-lo acreditar que eu lhe pagaria um dia. E aí ele tentava me passar a perna de volta: "Você é um cavalheiro. Não é como os outros. Eu confio em você".

Por fim ele adoeceu e vendeu sua loja, e quando veio o seguinte eu abri uma conta nova...

E o que aconteceu? Às oito horas num domingo de manhã – OITO HORAS!!!, que droga – houve uma batida na porta –, e eu abri e eis ali um editor. "Ah, eu sou tal e tal, editor de tal e tal, recebemos o seu conto e o consideramos muitíssimo inusitado; vamos usá-lo na nossa edição de primavera." "Bem, entre", tive de dizer, "mas não tropece nas garrafas." E aí eu fiquei sentado enquanto ele me falava sobre sua esposa que o tinha em alta estima e sobre seu conto que certa vez havia sido publicado em *The Atlantic Monthly*, e você sabe como eles vão falando. Por fim ele foi embora, e mais ou menos um mês depois o telefone da recepção tocou e alguém queria falar com Bukowski, e dessa vez era uma voz de mulher, "Sr. Bukowski, nós achamos que o senhor tem um conto muito inusitado e o grupo estava discutindo-o numa noite dessas, mas achamos que ele tem uma fraqueza e achamos que o senhor poderia querer corrigir a fraqueza. Era isto: POR QUE O PERSONAGEM PRINCIPAL COMEÇOU A BEBER ANTES DE MAIS NADA?".

Eu falei "Esqueça o negócio todo e mande o conto de volta" e desliguei.

Quando voltei, o indiano levantou o rosto por cima de seu drinque e perguntou: "Quem era?".

Falei "Ninguém", a reposta mais precisa que eu podia dar.

[Para John William Corrington]
21 de abril de 1961

É evidente que muitos dos nossos editores dos dias atuais ainda rezam pelo manual daquilo que os precedeu. O santuário da regra não significa nada para o criador puro. Há desculpa para uma criação pobre quando somos atordoados por camuflagem ou vinho descido por olhos fitos, mas não há nenhuma desculpa para uma criação aleijada por diretivas de escola e moda, ou pelo missal valetudinário que diz: forma, forma, forma!! prenda numa gaiola!

Tratemos de nos permitir espaço e erro, histeria e pesar. Paremos de arredondar as arestas até ter uma bola que sai rolando perfeitinha como por mágica. Coisas acontecem – o padre é baleado no banheiro; agulhas injetam heroína sem detenção; cortam o seu número; a sua esposa foge com um idiota que nunca leu Kafka; o gato esmagado, suas tripas colando seu crânio no calçamento, é ultrapassado pelo tráfego por horas; flores crescem na fumaça; crianças morrem aos 9 e aos 97; moscas são arrebentadas nas telas... a história da *forma* é evidente. Sou o último a dizer que podemos começar com zero, mas vamos sair de 8 ou 9 e subindo a 11. Talvez repitamos – como temos feito – sobre o que é verdade, e temos feito isso, suponho, bastante bem. Mas eu gostaria de nos ver gritando um pouco mais histericamente – se formos homens o bastante – sobre a inverdade também e o não formado e o-que-nunca-será-formado. Realmente, precisamos deixar a vela queimar – derramar gasolina nela, se necessário. O sentido do ordinário é sempre ordinário, mas há gritos de janelas também... uma histeria artística engendrada de respiração na necrópole... às vezes quando a música para e nos deixa 4 paredes de borracha ou vidro ou pedra, ou pior – nenhuma parede em absoluto –, miseráveis e congelando na Atlanta do coração. A concentração na forma e na lógica, "o torneio da frase" parece imbecilidade em meio à loucura.

Nem consigo lhe dizer o quanto os garotos cuidadosos me deixam pelado com suas criações planejadas e retrabalhadas. A criação é o nosso dom e adoecemos dela. Ela espirrou por dentro dos meus ossos e me fez acordar para fitar as paredes das 5 da manhã. E a meditação conduz à loucura como um cão com uma boneca de pano numa casa vazia. Olhe, diz uma voz, dentro e além do terror – o Cabo Canaveral, o Cabo Canaveral não leva nenhuma vantagem sobre nós. que diabo, jack, é hora de ter esperteza: precisamos insistir na camuflagem, eles nos ensinaram isso – deuses avivados em tosse na indistinta fumaça do verso. Olhe, diz outra voz, nós precisamos esculpir do mármore fresco... Que importância isso tem, diz uma terceira, que importância isso tem? as cadeiras elétricas amarelas não existem mais, a liga no alto da perna; o charme dos 18 tem 80, e os beijos – cobras esguichando líquido prata –, os beijos pararam. homem nenhum vive a mágica por muito tempo... até que certo dia, às 5 da manhã, você é apanhado; você acende um fogo, serve um drinque apressado enquanto a psique rasteja como um rato numa despensa vazia. se você fosse Greco ou até uma cobra d'água, algo poderia ser feito.

outro drinque. bem, esfregue as mãos e prove que você está vivo. seriedade não serve. pé no chão.

esse é o dom, esse é o dom...

Certamente o charme de morrer reside no fato de que nada é perdido.

[Para Hilda Doolittle]
29 de junho de 1961

Eu soube através de Sheri M. que a senhora está muito doente. A senhora é praticamente uma lenda para quase todos nós. Li sua mais recente coletânea de poemas (Evergreen). Espero não soar tolo ao lhe desejar que fique bem e volte a escrever.

Com amor,

[Para Jon Webb]
Final de julho de 1961

[...] Escutei alguns dos meus poemas lidos no rádio uma noite dessas. Eu nem teria tomado conhecimento, mas [Jory] Sherman, que acompanha essas coisas, me avisou por telefone, de modo que me embebedei e ouvi. Muito esquisito escutar próprias palavras voltando por locutor de rádio que falou a você de notícias, engarrafamentos na estrada, tocou Beethoven e jogos de futebol profissionais. Um poema, o primeiro de 15, era o poema das rosas da *Outsider*. Também leu trechos das minhas cartas referentes a editores e leituras de poesia e críticos ou algo assim, e fez a plateia, por vezes, dar risada, como fizeram alguns dos meus poemas, então não me senti tão mal, mas quando me levantei para pegar outra cerveja eu pisei num caco de vidro de 7 centímetros no chão (meu apartamento uma bagunça) e vidro se cravou reto em calcanhar, e eu o arranquei e sangrei por algumas horas. Manquei por uma semana e aí um dia acordei coberto de suor, queimando de calor, vomitando... por algum tempo, achei que era uma ressaca, mas depois de um tempo decidi que não era e fui de carro até certo dr. Landers na Hollywood Blvd. e tomei uma injeção. Voltei, abri uma cerveja e imediatamente pisei em outro caco de vidro.

Jesus, li na *Outsider* que o [Henry] Miller do começo fazia carbonos de seu trabalho e o mandava para as pessoas. Para mim, isso é inconcebível, mas creio que Miller achava que não tinha muita abertura pra ele e que ele precisava fazer suas próprias aberturas. Creio que cada um tem seu próprio método de ataque. Embora eu entenda como a Grove lançou seu *Trópico*, e, agora que é uma coisa bem tranquila, está malogrando pra valer por quase todos os quadrantes. Também noto que a *Life* e outras revistas deram belo chute na bunda de Hem. Coisa que ele mereceu, tendo basicamente se vendido depois de seus trabalhos iniciais, coisa que eu sempre soube mas que nunca ouvi ninguém dizendo até depois de seu suicídio. Esperaram por quê?

Faulkner é, na essência, bem parecido com Hem. O público o engoliu num enorme trago e os críticos, tendo algo um pouco mais sutil, se sentem seguros e os estimulam, mas grande parte de Faulkner é pura merda, mas é uma merda esperta, vestida espertamente, e quando ele se for eles vão ter trabalho para rasurá-lo porque não o compreendem direito, e, não o compreendendo, as partes maçantes e vagas, os itálicos em massa, vão achar que isso significa genialidade.

[Para John William Corrington]
Final de agosto de 1961

[...] Como você sabe, sou muito desleixado. Não faço carbonos. Do material que sai e é aceito eu não tenho cópia. Do material que sai e não vai voltar eu não tenho cópia. Às vezes encontro uma papeleta com algo escrito nela, ou um papel datilografado, mas não sei se foi aceito ou se jamais o enviei. Perdi inclusive uma folha de papel que eu guardava e que me informava para onde eu mandara certos poemas ou onde alguns tinham sido aceitos, mas quais eram os títulos dos poemas, isso eu não sei. E agora perdi a folha de papel. Tive certa vez uma esposa [Barbara Fry] que realmente me espantava. Ela escrevia um poema e o mandava, anotava o nome do poema, data, para onde enviado... Tinha um enorme livro de contabilidade, uma coisa linda, e nele ela tinha uma lista de revistas, e a lista das revistas cruzada em parafuso ou linhas azuis sobre cor de laranja ou algo e ela fazia pequeno asterisco **** que enredava tudo junto. Era uma coisa linda dos diabos. Ela conseguia passar o mesmo poema por 20 ou 30 revistas simplesmente ****************** ********** e nunca o mandar duas vezes pra mesma revista, hurra. Ela tinha um livro para mim, mas eu desenhava coisas e imagens sujas no meu. E quando ela forjava um poema, cada um que escrevia era datilografado de novo em papel especial e depois colado num caderno (com data). Eu bem que podia me valer de um pouco desse vigor, mas na verdade isso me faria sentir um pouco demais que eu estava vendendo sutiãs ajustáveis de porta em porta.

1962

[Para John William Corrington]
Abril de 1962

[...] Fry certa vez me incentivou a fazer um punhado de cartuns com legendas, tipo piada, e fiquei acordado a noite toda, bebendo e fazendo esses cartuns, rindo da minha própria loucura. Havia tantos deles quando chegou a manhã que não consegui enfiá-los num envelope, nenhum grande o bastante, então fiz um troço enorme de cartolina e o enviei ou à *New Yorker* ou à *Esquire*, colocando outro negócio de cartolina dentro com o porte adequado. Bem, que diabo, eles prov. podiam ver que eu era ou amador ou louco. Nunca voltou. Escrevi sobre os meus 45 cartuns que nunca voltaram. "Não rec. tal item do senhor", escreveu de volta certo editor. Porém, sentado numa barbearia uns meses depois, topei com uma das minhas piadas em certa revista, creio que *Man*, mostrando um cara, um jóquei chicoteando um cavalo com uma daquelas bolas redondas com pontas de ferro na extremidade de uma corrente, e um cara junto da grade está falando para outro: "Ele é um rapaz muito rude, mas, de certo modo, eficiente". As palavras estavam alteradas um pouquinho, e o desenho um pouquinho, mas com toda a certeza pareciam iguais aos meus. Bem, que diabo, você pode imaginar qualquer coisa se quiser imaginar qualquer coisa. Mas não sei, eu nem estava olhando, eu geralmente não olho revistas, ou talvez olho mas não percebo, mas eu ficava me deparando com as minhas mesmas ideias e desenhos, só alterados um pouco;

era tudo semelhante demais, tudo parecido demais para ser qualquer coisa que não algo meu, só que eu sentia que os meus eram mais bem executados, e não quero dizer mortos, que eles mataram. E quando topei com um dos meus maiores desenhos sem legenda (quero dizer, a ideia dele, não era o meu desenho) na CAPA DA *NEW YORKER*, aí eu sabia que eu estava certo – era o mesmo maldito troço: um grande lago numa noite enluarada com várias dezenas de canoas cheias de machos e fêmeas, e em cada uma o macho estava tocando um violão e fazendo uma serenata para sua fêmea – exceto que num barco bem no meio do lago havia um cara de pé em sua canoa e soprando uma corneta imensa. Não lembro se eu tinha colocado uma mulher na canoa dele ou não, prov. sim, mas agora, como estou mais velho, percebo que teria fornecido uma risada extra deixar a racha fora. De qualquer maneira, foi um desperdício total, e não fiz mais cartuns até que Ben Tibbs meio que fodeu com o que era para ser uma capa para *Longshot Pomes* e eu falei para [Carl] Larsen jesus eu acho que consigo me sair melhor. O que eu quero dizer é que, como na história dos cartuns, o romance, não conheço a mecânica de fabricação e não quero desperdiçar um monte de palavras fazendo tudo ao contrário que algum sicofanta vai deturpar à vontade para seu próprio uso. Eu achava que o mundo da Arte e troços assim seriam íntegros. Pura merda. Há mais pessoas octópodes malignas e inescrupulosas no mundo da Arte do que você poderá encontrar numa empresa qualquer, porque, numa empresa, a imaginação de peixe pequeno do sujeito é só conseguir uma casa maior e um carro maior e uma puta extra, mas geralmente o impulso não vem de um íntimo pervertido que clama pelo RECONHECIMENTO DO EU além de toda decência e retidão, não importando como será obtido. É por isso que alguns desses editores são velhacos tão desgraçados: não conseguem entalhar com as próprias mãos, então tentam se associar eles mesmos com aqueles que esculpem e entalham um pequeno pedaço limpo de mármore... é por isso que vários deles não respondem cartas de questionamento sobre trabalhos submetidos: todas as luzes dentro deles se foderam e se despedaçaram e se apagaram.

Frequentei escola noturna certa vez, por insistência de Fry, cursei, como a gente chama?, Arte comercial. O cara que dava aula trabalhava para certa firma que fazia arte com. e ensinava de noite. Nós trazíamos os nossos trabalhos à aula e ele os alinhava ao longo do quadro negro, e uma vez pouco antes do período do Natal ele disse: "Agora a minha empresa precisa fazer um cartaz para os postos de gasolina TEXACO, e eu quero que vocês assumam esse problema. Bolem algo para um anúncio natalino". Bem, chegou a hora e ele estava passando ao longo do quadro, conferindo os desenhos, até que chegou ao meu, e com grande fúria e raiva ele se virou para a turma e rugiu: "QUEM FEZ ESTE AQUI???!!!". "Fui eu", admiti, "achei que a estrela da TEXACO, a ideia de ter a estrela emblema da TEXACO no topo da árvore era uma boa." "Nada de árvores de Natal, por favor. Isso não é bom. Quero que você me faça outro desenho." Ele seguiu caminhando.

Duas semanas depois ele se postou diante da turma. "Bem, minha empresa e os executivos da TEXACO escolheram o nosso anúncio de Natal." E ele o ergueu com os braços. E enquanto fazia isso, um segundo depois de ele ter feito isso, vi que seus olhos me procuraram. Você sabe o que ele estava erguendo no ar: uma árvore de Natal com uma estrela emblema da TEXACO no topo, só que eles tinham colocado um pequeno frentista dentro da árvore... Não falei nada. Eu poderia ter deixado a situação bem ruim para ele. Mas não sou de ficar discutindo, cuspindo veneno. Senti que ele sabia que eu sabia, e isso bastava. Caí fora da aula e me embebedei. Mais adiante, durante o período do Natal, quando passávamos por um posto da TEXACO eu falava pra Fry: "Olha, meu amor, o meu desenho... não fica orgulhosa de mim?".

o que quero dizer é: se eu escrevesse esse romance em papel higiênico alguém iria limpar a bunda com ele. escrevi o troço do Macaco como conto uns 15 anos atrás ou algo assim e ele NUNCA VOLTOU TAMPOUCO. e nenhum carbono. mas duvido que John Collier o tenha copiado. Ele prov. tem mais talento do que eu e não precisa fazer esse tipo de coisa. A história do macaco me fez bem, contudo; eu geralmente a conto para damas na cama quando tudo mais já foi feito e estamos mais ou menos relaxados. Fry achava que a narrativa era maravilhosa, e outra dama exclamou: "ah, eu vou chorar, eu vou chorar, foi tão triste e lindo". e ela chorou. Acho que a razão para não ter voltado (o conto) foi que eu estava na pior e bebendo na época e estava imprimindo meu material à mão, em tinta. Por fim cheguei num ponto em que eu conseguia imprimir mais rápido do que conseguia escrever em caligrafia comum, e toda vez que eu escrevia algo eu imprimia e as pessoas falavam: "Qual é o problema com você? Não sabe escrever?". Não tenho como responder isso. Não sei se sei escrever ou não. Mas com toda certeza vou mandar ver na bolonha hoje à noite... bolonha legítima e barriga cheia.

Esta Toilet Paper Review* *antecede a versão publicada em* Screams from the Balcony *(1993).*

[Para John William Corrington]
Final de abril de 1962

Tive uma ideia, Willie. Vamos lançar, você e eu, uma publicação. Chamá-la de *The Toilet Paper Review*. Não vamos precisar nem mesmo de um duplicador. Vou apenas pegar um rolo e escrever nele com esta máquina de escrever. Nós iremos, só eu e você, divulgar todos os nossos velhos poemas dos quais não conseguimos nos livrar em *The Toilet Paper Review*. Um exemplar para a *Trace*, um exemplar para Deus, um exemplar para Sherman e um para a puta de Sherman, que consegue aguentar. Em qualquer lugar. De qualquer maneira.

The Toilet Paper Review
Editada por William Corrington e Charles Bukowski
Vol. I, #I

se tu quer olhar televisão
estamos cagando e andando.

"Eu me ajoelho"
Por William Corrington

estas pernas precisam correr
mas eu me ajoelho
perante flores femininas –
sinto a fragrância do esquecimento

---

* *"Revista do Papel Higiênico"*. (N.T.)

e apanho-a,
claro,
e nos anoiteceres
horas de anoiteceres
anoiteceres grisalhos
cochilo
e depois

"Escultura"
Por Charles Bukowski

Harry, o hábito, e aí fizemos
esse rosto, e aí do Rosto
saíram: peixe, olmos, chocolate com amendoim,
e nós fomos lá fora
e nós fomos lá fora
e nós – tirando agulha, ou
quebrando fita, não consigo
aguentar mais,
caminhei 18 quarteirões,
voltei, e o rosto
tinha crescido até ficar do tamanho da sala
e eu soube que era verdade:
eu estava louco.

"O beco que nos espera"
Por William Corrington

acho que precisamos seguir em frente,
perda após perda,
precisamos seguir em frente,

até a perda final,
digamos num beco qualquer,
sangue escorrendo como uma
gravata ha ha, somos
enganados e estapeados até a morte,
barganhados de qualquer ganho,
qualquer amor, qualquer descanso,
mãos nas paredes, waa waaa!,
tráfego (grr!!) passando,
flores imundas fazendo imundas
juras de amantes, peixe doente peixe
saindo com a maré
waa waaa!! mia cabeça
caindo agora, estamos quase
dentro do sonho negro
nunca ser gênio agora,
sol traz tulipas, chuva traz
minhocas, Deus traz gênio
e dispõe gênio tulipa
minhoca de modo que as coisas começam de novo
novas coisas para sempre
cansativo cansativo pensar
corpo estirado agora
com pequenos ratoz correndo até meus sapatoz
saio correndo de novo
e sou visto por um pequeno menino
e ele também
corre corre
mas vão pegá-lo
como as tulipas
como Papai
como Belmonte

como grandes pedras que se quebram
em areia
que corta onde há sangue,
perda após perda
onde quer que
estejamos.

(e ainda estamos cagando e andando se cê olha T.V. ou não. Precisamos de assinantes. Ajudem por favor.)

[Para John William Corrington]
Maio de 1962

[...] Recebi uma carta de certa mulher hoje. Ela me dá Nietzsche: "o que fazemos jamais é compreendido, mas apenas louvado e culpado". E aí ela escreve: "Deve ser isso que você quis dizer quando falou da má influência dos elogios na sua carta. Mas pense – ser elogiado E ser compreendido! Eis, meu Amigo, o único tipo de paraíso prático para o escritor ou pintor ou compositor...". "É bem verdade – o artista precisa certamente seguir de uma criação para outra, mas nenhuma delas é de todo um novo começo – nada nunca tem, de fato, um novo começo. Uma criação evolui de outra. Um propósito se transforma em dez mil outros. Quando você encontra um pensamento inspirado, na sua cabeça, sem dúvida você não pode acreditar que ele seja uma coisa nova de tirar o fôlego? Ele surgiu de séculos de criações submersas de ideias. Mas não quero me lançar num longo e arrastado 'ensaio'..."

Bem, dou graças a Jesus Cristo por isso.

que bando de preconceitos do caralho, e que lúgubre

perspectiva cabresteada. Essas pessoas inteligentes torram o meu saco. Cada começo para mim (PARA MIM!!!) é um NOVO COMEÇO. Isso aê. De que outro jeito eu vou saber se estou morto ou não? qual é. como assim. As xotas. Preciso ver as xotas. Cada flor é uma nova flor. As outras estão mortas. Boas eram, mas mortas. Sei que quando olho uma ponte ou prédio que aquela coisa é uma COMPILAÇÃO do assim chamado conhecimento. Então que se foda. Quando escrevo um poema, acrescento um pino, um pino de nariz vermelho e azedo no meio e com um cu sangrento. Ou quem sabe – melhor ainda – EU TIRO UM PINO. Mas não quero me deixar incapacitar por esses ensaios propositados. Se essa cadela quiser vir cavalgar as molas comigo, o.k. Caso contrário, meus pensamentos não são "inspirados".

Alguém disse que viu Mailer na T.V. Que parecia muito neurótico e sem conseguir terminar uma frase. Mailer pode não ser grande coisa, mas o que é que isso tem a ver com escrever. Se um sujeito é muito N. e não consegue terminar uma frase, tudo indica que ele deve ser um escritor melhor do que o inverso. Qual é o problema? Todo mundo enxerga ao contrário. [...]

Gosto mais das suas cartas, Willie, do que das cartas de Henry Miller. As de Miller parecem ser um tanto venenosas e enjoativas, como se ele estivesse tentando fazer Walter L[owenfels] subir em algum lugar. E depois esse negócio do Huxley. H. imita M. um pouquinho demais, faz força um pouquinho demais. Quase como se Miller pensasse que Huxley fosse quase bom e ele precisasse pisoteá-lo um pouco para empurrá-lo para baixo. Huxley não deveria se incomodar se você tomasse Huxley por Huxley, um inglês ultraculto, ultraeducado e quase brilhante que esqueceu onde estava o sangue. Mas um escritor divertido. É como ir a uma peça de teatro que veio da Broadway depois de uma temporada de 13 dias. Você não espera Shakespeare. Então por que as lanças?

[Para Jon Webb]
14 de setembro de 1962

Não sei escrever uma "carta de aceitação". Consigo escrever cartas de demissão, ou uma carta como esta:

> *Amorzinho:*
> *Sei que não adianta mais. Fiquei dando umas voltas, pensando a respeito, enquanto você está no trabalho. Estou terminando a garrafa. Encontrei dez dólares na cômoda e estou indo embora. Deixo para você meu exemplar da Anatomia para o Artista de Jeno Barcsay e as 2 Enciclopédias dos Grandes Compositores de Milton Cross. Cuide do cachorro. Jesus, como eu amei esse cão!*
> *seu,*
> *Bubu...*

Então espero que esse Prêmio não seja para manter a lâmina longe da minha garganta, embora possa muito bem fazer isso. Mas homens melhores do que eu já deixaram seu sangue nas dálias secas. Só espero conseguir bater mais algumas coisas que joguem um pouco mais de luz em mim e em tudo mais.

Esse, claro, é o propósito do Artista além de tentar escapar de ficar louco. No total, não importa o quanto sejamos pessimistas, analíticos ou matemáticos em relação à coisa, não consigo deixar de pensar que há nobreza na batalha, que a morte foi um pouco ajustada, que, em nosso choro e nossa risada e nossa raiva fizemos alguma endentação, alguma estrada, algo em que podemos *nos agarrar* além do nosso amor no leito de amor, além dos flocos de noite e lápides. [...]

Ainda estou meio atarantado com essa história de Prêmio e fico dando voltas e tentando senti-lo na ponta da língua. Tenho muito de criança em mim. Se você decidir ir em frente com isso e quiser usar cartas ou partes de cartas, tudo bem. Acho que a carta em si é importante como forma, assim como a forma do poema, e tem um jeito de expressar que a forma do poema não tem, e também no sentido contrário. Este é um dia esquisito. Eu quase me sinto bem. [...]

A única coisa que você sabe, Jon, é o que eu sei: que arte é arte e nomes são secundários. Nós não somos políticos da cena literária. Black Mountain, New Critique, *Folder*, Costa Oeste, Costa Leste, G. com A., L com X, não sabemos a bosta de quem está dormindo com quem e não damos a mínima. Por que é que esses imbecis formam círculos? Por que reclamam? Merda de bando de chupadores e mamadores tentando eliminar qualquer voz que não seja a deles. Isso é mais do que natural. Sobrevivência. Mas quem vai querer sobreviver como chupador exceto aqueles que se vangloriam? Eu mesmo já editei um pouco e sei das pressões terríveis. Você me publica e eu publico você. Sou amigo de J. B. (e não estou me referindo a *J. B.*, de MacLeish). Todo mundo tem medo da *Trace*. [James Boyer] May é publicado em metade ou 3/4's das revistas neste país não porque seus poemas são bons, mas porque ele é o editor da *Trace*. Isso é errado. Claro. E há outras coisas erradas rastejando pela cena como gosma. Arte é Arte e a Arte deveria ser seu próprio martelo.

Você acha que eu estou realmente ficando louco? Por que escrevo uma carta tão longa? Tem algo escorrendo aqui.

É assim que acontece quando você entalha poemas? Tudo desaba? seu emprego, sua vida, sua esposa, seu país, sua mente, tudo senão seu amor e o som da palavra, o entalhe, o entalhe, entalhe, entalhe... ah meu deus sim

Eu sei como Van Gogh se sentia
Será que ele carregava merda e sangue nas calças
e pintava em orelhas de elefantes?
Que chance têm esses meninos, esses inaptos
poetas cabeludos e profissionais liberais
quando bebem leite de cabra, batem ponto,
criam famílias, mudam-se para Glendale, votam
em Nixon,
enceram seus carros, enterram a vovó, tomam
vitaminas,
como conseguem se virar. co como conseguem se
virar????
estando *fora* do fogo?

Você me diga, por favor, se consegue jogar sem correr riscos e ainda cantar a linda canção do louco? Não. Vou lhe dizer. É impossível. Depois... há o outro tipo, repugnante na mesma medida, que *interpreta* o Artista e não tem a Arte. Barbas. Bicha. Sandálias. Jazz. Chá. H. Cafeterias. Coisa de homo. Nirvana com dinheiro escasso. Leituras de poesia. Clubes de poesia. Argh, preciso parar. Já estou enojado o bastante com tudo.

Bukowski está respondendo a uma carta de Felix Stefanile, escrita em reação a Bukowski ser nomeado "Outsider do Ano" pelos editores da* The Outsider.

[Para Jon Webb]
Final de outubro de 1962

[...] Sobre Stefanile; pessoas como Felix ficam perplexas. Elas têm todos esses conceitos e preconceitos sobre o que a poesia *deveria* ser. Na maioria, ainda estão no século 19. Se um poema não parece Lord Byron, então você não passa de um bagunceiro. Os políticos e os jornais falam sem parar de liberdade, mas, no momento em que você começa a aplicar alguma, seja na Vida ou na forma da Arte, você já pode se preparar para uma cela, o ridículo ou o mal-entendido. Às vezes penso, quando ponho aquela folha de papel branco na máquina... você logo vai estar morto, todos nós logo estaremos mortos. Certo, talvez não seja tão ruim assim estar morto, mas, enquanto você está vivo, deve ser melhor viver da fonte presa dentro de você, e se for honesto o bastante você pode ir parar na cadeia dos bêbados 15 ou 20 vezes e perder alguns empregos e uma esposa ou 2 ou talvez esmurrar alguém nas ruas e dormir num banco de praça de vez em quando; e se chegar ao poema, você não vai se preocupar demais em escrever como Keats, Swinburne, Shelley; ou agir como Frost. Você não vai se preocupar com espondeus, contagens, ou se os finais rimam. Você quer botar no papel, duro ou cru ou de outro jeito – de qualquer modo para que você realmente chegue lá. Não acho que isso signifique que eu "cabriole no campo da esquerda"... "tocando com ambas as mãos"

---

* "Forasteiro/intruso". (N.T.)

e com a minha voz no máximo volume, como define o sr. S, "agitando seus poemas como uma bandeira". Isso implica, em certa medida, atuação de palco e farsa. Mas essas acusações atravessaram os séculos em todas as Artes – e continuam agora na pintura, na música, na escultura, no romance. As massas, tanto a massa efetiva quanto a massa Artística (apenas no sentido de vastos números praticantes), estão sempre muito atrás, praticando a segurança não apenas na vida material e econômica mas na vida da assim chamada alma. Se você usar um chapéu de palha em dezembro você está morto. Se você escrever um poema que escape da hipnose em massa da poesia macia-suave do século 19 eles acham que você escreve mal porque você não soa direito. Querem ouvir o que sempre ouviram. Mas esquecem que cabe a 5 ou 6 bons homens, todos os séculos, empurrar o negócio em frente, para fora do marasmo e da morte. Não estou dizendo que *eu* sou um desses homens, mas tenho a maior certeza do mundo em dizer que *não* sou um dos outros. O que me deixa – OUTSIDE.

Bem, Jon, eu diria vá em frente com esse troço de Stefanile, se encontrar espaço. É um ponto de vista. E eu prefiro bem mais ser descrito como um pedreiro ou pugilista do que como um poeta. Então não é tudo tão ruim assim.

[Aos editores da *Coastlines*]
Final de 1962

Biog.? Sou insano e velho e disparatado, fumo como as florestas do inferno, mas me sinto melhor o tempo inteiro, isto é – pior e melhor. E quando me sento diante da máquina é como esculpir tetas numa vaca – uma coisa tremenda de grande. Mas também me dou conta de que preciso botar uma dose de latim, e equilíbrio, e esnobismo e Pound e Shake[speare], e alô alô al – qualquer coisa que faça o negócio funcionar, hurra! Mas sou fino de tão falso, então com frequência escrevo um poema ruim escrito principalmente por mim em vez de um poema bom escrito principalmente por outra pessoa. Se bem que não posso fazer juramento, claro. Exame e reexame. Por que tentar? Os que se sentam constantemente em salas sinfônicas adoram a criação, mas não podem criar. Eu vou ao hipódromo, onde também há bares. E saudemos os deuses loucos que criaram essas belas coisas rodopiantes.

1963

[Para John William Corrington]
20 de janeiro de 1963

[...] Agora que você é C[harles] P[ercy] Snow e Lion[el] Trill e T. S. e os desejos vulgares dos frustrados espetos de cabelo serão registrados, é melhor eu ficar do seu melhor lado, teu bom lado, lado-de-Deus, onde, imagino, seu .357 está de prontidão enquanto você dança a sarabanda. Tudo isso bastante interessante, pois você é um poeta mil vezes melhor do que você é um crítico, e, enquanto você fica falando de outras pessoas, as outras pessoas deveriam estar lendo você, você fica soltando fumaça como um caminhão todo carregado de gelo seco na autoestrada de San Berdo. De qualquer maneira, isso vai se resolver por si só... Sobre [Robert] Creeley, sim, é mais ou menos uma enganação; a poesia (dele) é tão branca e seca e vazia que eles concluem, bem, sim, Jesus, acho que é realmente algo porque não tem nada aí e esse sujeito deve SER tão SUUUPER SUTIL E INTELIGENTE, cristo sim, porque parece que não tô entendendo isso que ele tá fazendo. É como um jogo de xadrez disputado numa sala ensolarada com o aluguel pago com dez anos de antecedência, e ninguém sabe quem é o vencedor porque o vencedor determina as regras e não se esforça muito. Se você acorda num beco com a camisa rasgada e vai se levantando junto aos tijolos, com o vento frio entrando entre seus joelhos e seu saco, e você está com a boca cheia de sangue e alguns calombos na cabeça, e quando você tateia o bolso, o de trás, e obtém aquela sensação vazia de mão sobre bunda, carteira sumida, todos os 500 paus, carteira de motorista, número de telefone de Jesus, você não é um poeta, você só foi apanhado fora do lugar e não sabe como agir. Quando a vadia com peitos grandes riu de todas as suas piadas você divia tê enfiado o copo bem fundo na buceta dela. Os Creeleys jamais conhecerão a morte; mesmo quando ela chegar, vão achar que é para outra pessoa. [Gregory] Corso pelo menos pensa sobre a Morte. *E* Corso. Se seu nome fosse Hamacheck ele nunca teria ficado famoso. O mundo da Arte é como um monte de hera do caralho crescendo por tudo que é lugar. Está tudo na chuva e na sorte e onde o prédio está e quem passa caminhando e o que cê tá fazendo, tipo com que hera você está rastejando ou dormindo ou que turma de Black Mountain, ou deus, preciso dormir, estou mal.

[Para John William Corrington]
9 de março de 1963

[...] Não acredito na existência de algo como a *Outsider* #3. Eu me sinto como na época em que eu era um garoto no colégio, quando me faziam ficar sentado numa cabine telefônica enquanto eu esperava pelo diretor, um bosta de aspecto distinto, cabelos grisalhos, cabelos compridos, pincenê, voz vitoriana, e ele me repreendia depois de me deixar naquela cabine por uma hora esperando com um exemplar da *Ladies Home Journal*. Não me lembro do que fiz; parecia ser algo como assassinato. Alguns anos depois eu li sobre como pegaram o garotão por apropriação indevida de recursos. De qualquer maneira, com a *Outsider* 3, agora, estou sentado na cabine telefônica, esperando. Você não pode me censurar por ficar tenso, sentado na ponta da cadeira. Não foi mais de 8 meses atrás que eu fiquei sentado na maldita ponta do penhasco testando navalhas com a ponta do dedão.

Corrington escreveu "Charles Bukowski: três poemas", publicado em The Outsider *3, bem como "Charles Bukowski em pleno voo", uma introdução ao livro de Bukowski* Meu coração tomado em suas mãos *(1963).*

[Para John William Corrington]
19 de março de 1963

Estou com a *Outsider* número 3, e aclamações e saudações fantoches!!! – ali na capa apareço, torturador de ratos e infantes e damas idosas, e a honra é pesada, quase pesada demais para suportar, então, sabe, fiz a coisa fácil, fiquei bêbado, mas realmente o negócio ainda precisa ganhar contornos de realidade, e eu sei que esse tipo de conversa fica cansativo, mas eles jamais, nunca mais vão conseguir realmente me abater porque essa coisa foi feita por essas 2 pessoas do jeito mais difícil, e não espanta que se interessem por OUTSIDERS, pois, você não percebe, isso é o que ELES são? E o mais agradável de tudo, eles não me mutilaram ou me fizeram aberrante, mas simplesmente deixaram rolar do jeito que é. É o que acontece quando editores têm ALMAS, e, depois de combater e detestar editores pela minha vida toda, tem que chegar a isto: quase que um pasmo reverente diante do artesanato, do estilo e do milagre dessas 2 pessoas – não porque me colocaram numa capa, publicaram algumas cartas etc.; mas, em grande estilo, eles fizeram isso tão absurdamente bem que nem orgulho e tampouco honra se perdem. Tenho plena noção de que os meus miolos acabarão ficando moles com a bebida e a idade – se eu viver –, mas nada fora do âmbito da morte jamais vai arrancar completamente de mim esse tempo. Todas as paredes e putas e dias e noites de inferno não me renderam isso. Eu tive sorte. E uma vez que tive... azar... recebo e aceito este #3, eras da minha vida perdidas, quase tudo perdido menos isso.

Não consigo parar de falar sobre como eles fizeram tudo muito bem. Eles devem entender mais de mim do que eu entendo de mim mesmo.

E agora, para coroar tudo, recebo bilhetes de Jon, papeletas azuis etc.: "Logo mergulharemos no livro... Corrington vindo, ocupado, ocupado, ocupado...".

Um livro para coroar tudo isso parece quase impossível, mas, a menos que você pense que estou amolecendo – a alegria de fato se infiltra aqui –, entenda que certa transigência com 2 ou 3 pessoas não quer dizer que eu fiquei amolecido (ainda?) da cabeça. Não sou como Frost: ele teve uma briguinha de namorado com o mundo e venceu; eu tive uma luta de lutador com o mundo e perdi. Pretendo continuar perdendo, mas duvido que eu pretenda continuar lutando. Há uma diferença, e, se falo bem de 2 ou 3 pessoas, isso é feito porque a fala irrompe e não tenho condições de segurá-la, não quero. [...]

O que quero dizê, Willie, é: você fez bom artigo sobre meus 3 poemas, e espero que você faça intro para livro, você é uma das coisas mais sortudas que me aconteceram afora Jane e um cavalo que me pagou $222,60 ou algo assim por uma nota de dois uns 2 ou 3 anos atrás. Para dizer delicadamente. Jane está morta. O cavalo prov. está morto.

Você está aqui. Eu oro. Você, como Jon e Louise, me proporcionou grande honra, e sabendo que isso importa... sem pressão, coerção... importa porque era só importante para você, recebo com carinho e ardor, seu bastardo do Sul, e de "A tragédia das folhas" (como poema) eu tenho a melhor recordação entre todos. "Old Man, Dead in a Room" ainda pode ter validade. Se escrevi meu próprio epitáfio (esse era o propósito) foi porque em algum momento à frente do momento eu consegui enxergar isso virando mesmo verdade, e ainda me apego a isso. A fama ou imortalidade não será minha. Na verdade, não a quero. Quero dizer, é coisa grisalha gris gauche de garotinha o quê??? Ele que fode quer enfiar o pau de seu eu naquela longa aurora negra com INTUITO deve verdadeiramente ter algo de errado consigo, ou sujeira embaixo das unhas.

[Para Edward van Aelstyn]
31 de março de 1963

Recebi o seu o.k. quanto aos 2 poemas "A Drawer of Fish" e "Break-through".

Sobre a *Outsider* #3, Webb opta pelo caminho mais difícil, claro, e praticamente sozinho, de modo que, quando ele cruza por certo precioso grupo com bastões e calças curtas de caminhada reunido num topo de montanha na Carolina do Norte (ou onde quer que tenha se originado a Black Mountain School), isso provoca um furúnculo na mente (esse algo já estabelecido antes que nós – os leitores – cheguemos lá), e dessa vez o troço explodiu. Claro, ao longo de toda a história das Artes – pintura, música, lit., essas escolas existiram, às vezes porque o artista individual era fraco demais para fracassar sozinho (é bem mais fácil ter sucesso sozinho), ou outras vezes porque grupos de artistas foram *transformados* em escolas pelos críticos; mas que diabo, você sabe de tudo isso. O que eu gostaria de salientar, entretanto, é que Webb deu a Creeley espaço e deu espaço a Creeleyitas pela aparente fraqueza ou força da obra deles por si só; mas a objeção que Webb vocaliza é que eles são incapazes de trabalhar sozinhos, e há uma rede de defesa que é bordada quando quer que (parece) um dos santos membros seja criticado.

Minha crítica a Creeley é bem mais (aparentemente) malévola: acho que ele não sabe escrever. Não tenho dúvida de que ele pensa o mesmo a meu respeito.

Só há uma coisa ou 2 que um artista pode fazer: continuar escrevendo ou parar de escrever. Às vezes ele continua e para ao mesmo tempo. Com o tempo, é claro, o Crítico Imparcial pega todos nós, e paramos que é uma beleza.

Fico contente por você pensar em resguardar a alma, isso foi de todo esquecido por muitos ou é considerado Baboseira Romântica de um passado menos implementado quando, ao que parecia, não sabíamos tanto sobre nós mesmos quanto sabemos agora. Mas o básico permanece o mesmo: se você rolar na merda por tempo suficiente, você vai ficar com aparência de merda. A única coisa que precisamos fazer é descobrir o que é, de modo que não rolemos nela. Eu detestaria tanto dar uma aula de Inglês para calouros quanto detestaria ficar apertando parafusos numa fábrica. Ambas as coisas são condenatórias o bastante. E quando você dá por encerrada essa parte, o ócio que nos resta nos visita. Esse é o grande truque a ser operado. E várias vezes, não importa o quanto você opere bem o truque, a outra parte – apertando o parafuso, ensinando Inglês para calouros, devora você. Alguns artistas (mais no passado, eu sinto, do que no presente) obtêm mais ócio não trabalhando e portanto passando fome de modo a ganhar Tempo, mas isso com frequência demasiada contém uma armadilha com dentes: suicídio ou loucura. Agora consigo escrever, creio, de barriga cheia, mas isso talvez seja porque me lembro de todos os anos nos quais ela esteve vazia e de que ela vai ficar, com grande probabilidade, desse jeito de novo. Salvar a alma depende do que você faz – e não das coisas óbvias – e do que e quanto você tem para começo de conversa e de quanto você poderia de algum modo inclusive *ganhar* pelo caminho. Existem salvadores de alma profissionais, intelectuais, que seguem fórmula padrão e portanto são salvos apenas de uma maneira padrão – o que não é nem um pouco igual a ser salvo. As poucas pessoas que conheço às vezes me perguntam: "Por que você bebe e vai ao hipódromo?". Faria bem mais sentido para elas se eu ficasse dentro de casa por um mês, fitando as paredes. O que elas não percebem é que já fiz isso. O que elas não percebem é que, se eu não escutar o duro estrépito das palavras na minha mente, estou acabado, então vou até onde há um auxílio para que ocorra isso (a garrafa) (a multidão), por enquanto. Mais adiante, quem sabe, não vou me importar.

Essa escritura do poema com frequência traz estranhas damas à porta, batendo, e elas acham que o poema quer dizer amor, então preciso lhes dar amor, e isso talvez seja – haha! – o que restou da alma... indo para lá. Creio que uma parte fica embaixo, em volta da barriga. A última acabou de sair hoje à tarde, após 4 dias e noites, e eu me sento para escrever a você esta coisa sobre... estética, e a Black Mountain School, e que recebi o seu o.k. quanto aos 2 poemas, e, claro, o cheque também não vai me fazer mal. Foi uma tarde quente, e longa, de certa maneira, os olhos todos borrados de amor... me espreitando por entre as travessas da cama enquanto leio os resultados da corrida... que droga, que droga, isso é vida? É assim que se faz? Com 9 garrafas de cerveja e 16 cigarros que sobraram, na última noite de março em 1963, Cuba e o Muro de Berlim, e estes muros aqui rachando, eu rachando, frágeis 42 anos desperdiçados... van, van, a Besta não é a Morte...

Corrington publicou "Charles Bukowski e as superfícies selvagens" na Northern Review *em 1963. Os versos citados quase textualmente por Bukowski pertencem a "Westron Wynde", que é, segundo se crê, um fragmento de poesia medieval.*

[Para John William Corrington]
1º de maio de 1963

bandeiras vermelhas por todos os lados; calças curtas vermelhas, pelo menos... 3 poemas rejeitados voltando de [Sergio] Mondragón, muito brusco. tudo agora normal e vejo pelos meus dois olhos da frente.

– quanto à poesia das superfícies, fico contente por ser tão selvagem quanto acusado, feliz por não pertencer, e você entende isso, claro, porque você parece enxergar bastante bem além do óbvio. Passei minhas horas na biblioteca com Schope[nhauer] e Ari[stóteles] e Platão e os demais, mas, quando dentes de certa espécie estão se enterrando em você, isso não propicia calma e meditação. Duas vezes hoje na pista pessoas vieram até mim, a primeira perguntou: "Ei, você não trabalhou certa época numa fábrica da Studebaker?". O outro cara foi pior; ele falou: "Diga uma coisa, você não dirigia um carro de padaria certa época?". Não fiz nenhuma dessas coisas, mas fiz muitas coisas desse tipo que meio que arrebentaram a minha cabeça num antideslumbramento em forma de sapo, e eles concluem que eu me ferrei, e me ferrei mesmo, só que estão pensando em termos de um outro pobre fodido qualquer que se ferrou. Poesia e pensamentos requintados são para quem tem tempo para tais coisas. Deus está bem distante de mim, talvez dentro de uma garrafa de cerveja em algum lugar, e, claro, sou grosseiro, me fizeram grosseiro, e num outro sentido sou grosseiro porque quero rebaixar as coisas para onde estão – isto é, a faca entrando, ou olhar o cu de uma puta, é nisso que o trabalho se desenvolve, e não quero ser enganado demais e não quero enganar ninguém mais. Digamos, até de modo subconsciente, que esse eu meu está pensando em termos de SÉCULOS, o que é um troço bem árduo. Grande parte da minha atuação como palerma ou rude ou grosseiro é feita para *eliminar* as besteiras. Talvez eu conclua que o negócio vai feder pra burro se eu disser um monte de coisas que na minha opinião, em conjectura, *poderiam* ser verdadeiras. Acho que eu poderia enganar a rapaziada. Sei jogar vocabulário no ar como bilhetes de aposta rasgados, mas acho que no fim as palavras que serão salvas são as palavras pequenas, como pedras, que são ditas pra valer. Quando homens querem realmente dizer algo pra valer, eles não o dizem com palavras de 14 letras. Pergunte a qualquer mulher. Elas sabem. Sempre fico me lembrando de um poema que li com um monte de outros poemas, velho de séculos, bem velho, e é verdade que quando você recua o bastante as coisas se tornam simples e claras e boas porque talvez isso seja o que foi salvo, talvez isso seja tudo que os anos conseguem suportar, ou talvez eles fossem homens melhores, talvez toda aquela parte pesada, falsa e cremosa dos séculos 18 e 19 fosse uma reação à verdade, os homens se cansam da verdade assim como se cansam do mal, mas quem poderá saber – de qualquer maneira, em todos esses poemas idosos tinha um que era mais ou menos assim, bill:

ah deus
ter meu amor em meus braços
e de volta em minha cama
outra vez!

isso é grosseiro. Eu gosto.

Depois há pessoas que me dizem: "Por que você vai ao hipódromo? Por que você bebe? Isso é destruição". Pode crer, é destruição. Assim como trabalhar em troca de 17$ por semana em Nova Orleans era destruição. Assim como as pilhas de corpos brancos, velhos tornozelos e tíbias e merda enfileirados nos lençóis do L.A. County General Hospital... os mortos esperando a morte... os velhos sugando o ar louco com nada senão paredes e silêncio e uma sepultura municipal, como uma fossa de lixo, esperando. Acham que não dou a mínima, acham que não sinto porque meu rosto está acabado e meus olhos estão arrancados e fico ali parado com um drinque, conferindo a formação do páreo. *Eles* sentem de um jeito tão LEGAL, os babacas, os metidos a besta, os cagões gosmentos sorridentes chupadores de limão, eles sentem, claro, do JEITO CORRETO, só que não existe nenhum jeito correto, e eles vão se dar conta disso... certa noite, certa manhã, ou talvez certo dia numa autoestrada, o último estrondo de vidro e aço e bexiga sob a luz do sol que faz crescer as rosas. Eles podem pegar sua hera e seus espondeus e enfiá-los no cu... se algo já não estiver enfiado lá.

Além disso, compensa ser grosseiro, amigão, COMPENSA. Quando essas mulheres que leram minha poesia batem à minha porta e eu as convido a entrar e lhes sirvo um drinque, e conversamos sobre Brahms ou Corrington ou Flash Gordon, elas sabem o tempo inteiro que VAI ACONTECER, e isso deixa a conversa legal

porque muito em breve o desgraçado vai só
se aproximar e me agarrar
e começar
pois ele é rodado
ele é GROSSEIRO

E portanto, já que elas esperam, eu faço, e isso tira do caminho bem depressa um monte de barreiras e conversa fiada. Mulheres como touros, crianças, macacos. Os rapazes bonitos e os explanadores do universo não têm a mínima chance. Acabam batendo punheta dentro do armário.

Tem um cara lá no trabalho, ele diz: "Eu recito Shakespeare para elas".

Ele ainda é virgem. Elas sabem que ele está assustado. Bem, estamos todos assustados, mas seguimos em frente.

[Para Marvin Malone]
5 de agosto de 1963

Bem, eu subi as escadas com o envelope pesado, pensando, bem, eles provavelmente ainda estão todos aqui, é complicado como botar elefantes atravessando lama, mas abri o negócio e descobri que você tinha ficado com ONZE, o que é um monte, não importa quantos eu mandara. Não sei grande coisa quanto às avaliações que você deu ao saldo restante; não tenho por hábito ler meu material depois de escrevê-lo. É como a pessoa se agarrar a flores murchas. Dizem que Li Po queimou os dele e os largou navegando rio abaixo, mas deduzo que, no caso dele, ele era um autocrítico dos bons e queimou apenas os ruins; depois, quando o príncipe aparecia e pedia um pouco daquilo, ele colhia os bons dali de baixo, perto de sua barriga – junto da pintura da boneca manchu com olhos azuis. [...]

Espero que, quando o seu coeditor voltar à cidade, ele esteja se sentindo melhor... Escrever é uma brincadeira bem engraçada. As rejeições ajudam porque fazem você escrever melhor; as aceitações ajudam porque fazem você continuar escrevendo. Daqui a 11 dias terei 43 anos de idade. Parece ser o.k. escrever poesia aos 23, mas, quando você está nessa aos 43, você precisa concluir que tem algo um pouquinho desvirtuado na sua cabeça – mas tudo o.k. – outro cigarro, outra bebida, outra mulher na sua cama, e as calçadas ainda estão lá e as minhocas e as moscas e o sol; e não é da conta de nenhuma outra pessoa quando um homem prefere perder tempo com um poema do que investir em imóveis, e onze poemas estão bons, fico contente que você tenha encontrado tantos. As cortinas se agitam como uma bandeira sobre o meu país, e a cerveja é grande.

1964

[Para Jack Conroy]
1º de maio de 1964

Meus agradecimentos por *Os deserdados*, que agora já li e que repousa à minha direita enquanto datilografo isto, e estou ouvindo a 6ª sinfonia de Tch[aikóvsky] e bebendo uma cerveja pequena; cansado; apostei em cavalos quarto de milha hoje, e é ganhar logo ou decadência ou afiar faca, tudo muito depressivo – mas o livro, o livro, sim, ele se saiu bem, e o que me interessou foi que isso mostrou como ele era principalmente para pessoas como eu e você e pessoas que conhecíamos e conhecemos; como era e, no meu jeito de ver, como ainda é. É um inferno ser pobre, isso não é nenhum segredo; é um inferno estar doente sem dinheiro, faminto sem dinheiro; é um inferno ficar doente e faminto para sempre até o último dia. Os desolados empregos que a maioria de nós precisa enfrentar; os desolados empregos pelos quais a maioria de nós precisa *caçar*, implorar; os desolados empregos que detestamos do fundo de nosso espírito exausto e com os quais precisamos mesmo assim nos comprometer... meu deus, os alcoólatras, os poetas, os suicidas, os viciados, os loucos tudo isso vomita! Não entendo por que precisamos viver de um modo tão horrível, lúgubre e obviamente abjeto num século no qual uma civilização maquinou, em meio a toda a sua energia, uma força enorme o bastante para matar todos nós. Acho que, se é possível destruir completamente a vida, então, por Cristo, também é possível permitir que a vida viva completamente. E quero dizer *completamente*; não quero dizer só o suficiente para proporcionar a nossos milionários e estadistas uma chance de escapar para algum planeta depois de terem fodido com tudo por aqui... Mas estou me afastando do seu livro, e é uma boa época para nova tiragem porque os mesmos empregos infernais ainda estão aqui, o mesmo descarte do velho, o mesmo senso de dureza que transforma um homem desempregado num pária social sem desculpa, sem voz, sem chance. Tenho noção da quase impossibilidade de sobrevivência. Trabalhei a $17 por semana na Louisiana e fui demitido quando pedi um aumento de 2 dólares por semana. Isso foi em 1941. Trabalhei em matadouros, lavei pratos; trabalhei em fábrica de lâmpada fluorescente; colei pôsteres nos metrôs de Nova York, esfreguei vagões de carga e lavei trens de passageiros nos pátios ferroviários; fui repositor de estoque, despachante de mercadorias, carteiro, vagabundo, frentista, homem do coco numa fábrica de bolos, motorista de caminhão, capataz num depósito de distribuição de livros, carregador de bolsas de sangue e espremedor de tubos de borracha para a Cruz Vermelha; jogador de dados, apostador de cavalos, louco, tolo, deus, não consigo me lembrar de tudo, mas quando li o seu livro uma grande parte me voltou à memória. Eu costumava me inscrever em equipes de trabalhadores ferroviários de modo a viajar pelo país. Uma vez fui de Nova Orleans a Los Angeles desse jeito; outra vez, de L.A. a Sacramento. Eles nos davam latas de comida fria que tínhamos de estourar contra encostos de assentos ou outros lugares porque não havia abridores de lata. Essas latas frias e podres eram cobradas na nossa conta, sendo descontadas dos nossos primeiros contracheques, além, suponho, das despesas de viagem. Não sei – eu ficava sempre saltando fora. Como faziam os outros. Mas os que persistiam, pelo que sei, trabalhavam um belo período por nada. Havia sempre alguém com uma garrafa e um par de dados, e uma vez nós pegamos nossos vales-refeição, que um lugar na Main Street de L.A. aceitava, e nos embebedamos de cerveja lá junto com 6 ou 7 outros e trocamos apertos de mão e nos separamos. Caralho, não é do seu livro que eu estou falando, mas quero mesmo que você saiba que entendo muita coisa dele, e obrigado de novo por enviá-lo. Não estou dizendo que você é Jack London; estou dizendo que você é Jack Conroy, o que é ok.

[Para Walter Lowenfels]
1º de maio de 1964

[...] Não sei quem é Juvenal; quando larguei *The Daily Racing Form*, meus olhos doíam.

Estou olhando pela janela para uma colina cortada ao meio e há 7 latas de cerveja na minha geladeira. A vida é boa.

Escrever é como a maioria dos escritores acha que foder é: justo quando começam a pensar que estão se saindo super bem, eles param totalmente de fazer.

Espero avançar por mais algumas rodadas, mas sei que aquela coisa está esperando ali, aquela coisa que nos rasga quase todos em pedaços muito antes da nossa morte, aquele tigre, aquela puta, aquele pano preto, aquela unha do pé.

cristo esteja com você, e a bucha, e a pandorga cor-de-rosa que um menino está empinando 2 quarteirões ao norte.

vou sair para uma caminhada.

[Para Harold Norse]
12 de maio de 1964

[...] Sim, você tem razão: o fracasso é a vantagem, e me refiro ao fracasso de não ficar preso em altura de poste telefônico enquanto você está trabalhando com a piranha ou o poema ou a estátua de cera de Himmler. É melhor ficar solto, trabalhar doido e macio e fracassar como você bem quiser. Basta você fazer um salto com vara de 5 metros que eles vão querer 5 metros e meio, e no fim das contas você poderá quebrar a perna tentando. A turba deve sempre ser desconsiderada como algo tão insano quanto um rio cheio de vômito. Depois de jogar a turba na lixeira, você tem chance de conseguir uma marca razoável e talvez obter um veredicto dividido. Não estou falando da Cultura do Esnobismo que é praticada por muitos dos ricos e os faquires e enroladores de cordas e eletricistas e jornalistas esportivos porque eles têm uma ideia de que têm PODER. São todos dependentes da turba como as folhas penduradas no galho da árvore. Eu me refiro ao tipo de dependência que deixa você livre para operar amplamente porque você não *precisa* de um beijo na bochecha da velhinha na casa ao lado, você não precisa de fraseoelogios ou palestrar perante a Sociedade Armênia dos Escritores de Pasadena. Quero dizer, que se foda isso. Mais papel, mais cerveja, mais sorte, intestinos soltos, uma trepada ocasional e tempo bom, quem precisa de mais? Aluguel, claro. Agora já não sei mais sobre o que é que estou falando. Há o perigo de falar. Você fala fala fala como um disco interminável e muito depressa não sabe mais o que está dizendo... Eu não sei... É por isso que me sinto bem melhor quando fico quieto na maior parte do tempo.

1965

Antin publicou um poema de Bukowski em some/thing *v. 2 nº 1 (1966), exibindo arte de Andy Warhol na capa.*

[Para David Antin]
16 de janeiro de 1965

meus agradecimentos pelo exemplar da *some/thing* [nº] uno [v.] 2, algum tempo atrás, e tive problema com ela, mas na maior parte do tempo eu tenho problema com tudo e portanto isso não é novidade, e assim sendo boca de Bing Crosby eu dou uma olhada no seu número e encontro os mesmos problemas de sempre, como a dor dos séculos – tudo bonitinho e esperto demais, inteligente e *maçante* demais, astucioso, uso vasto & excessivo de itálicos – eu, de minha parte, talvez única parte – fiquei muito feliz, bem, talvez não muito feliz, mas respirei melhor quando Faulkner morreu, não que houvesse mais espaço, mas pela diminuição da vertigem. estamos fodidos o bastante, e titilados e trapaceados o bastante nas nossas vidas cotidianas. demais, sem dúvida. e me refiro a grandes MAIÚSCULAS também. vocês aí deixam o tipógrafo excelentemente maluco. mão no saco. mando incluso manu que acabei de escrever quando em meu estado habitual. por que me vangloriar? fico bêbado com a maior frequência possível, e usaria outros troços de tudo que é tipo se não fosse tão difícil de conseguir e além disso pena é extrema por ser apanhado e já tenho penas de sobra nas minhas costas como serpentes de sperimento lá e cá e acolá, minha nossa. o que quero dizer sobre o manu é o siguinti: por favor devolva se não puder usar, não faço carbonos porque carbonos me deixam de pinto mole e eu fujo sem demora da máquina.

muitíssimo me irrita o uso de símbolos poéticos para obter o estado poético: a saber –

tais como

estrela verde ¾ ¾ //
erraiti
/ implorei por
porta entr/
ada

isto é, vamos parar com a babaquice e
começar a conversar.

Franklyn publicou uma crítica severa sobre Run with the Hunted, *de Bukowski, em* Grande Ronde Review *(1964).*

[Para Mel Buffington]
Final de abril de 1965

[...] Sim, eu soube através de [R.R.] Cuscaden sobre o negócio de fred franklyn, e Cuscaden parecia estuprado, ultrajado e penetrado por dedo com o método de crítica abaixo da cintura (Cuscaden lançou *Run with the Hunted*). De qualquer maneira, a julgar por sua carta, o negócio de Franklyn realmente deu nos nervos dele. Não comprei um exemplar para conferir meu enterro e desaparecimento. os cães que se entendam. Tenho coisas a fazer tipo dormir, e catar ranhos endurecidos em minhas narinas, e dizer como agora – veja essa coisa usando calça cinza e ela tem pernas de aranha e no entanto uma bunda que nem uma tina de lavar roupa, ela passa andando por esta janela e meu pinto mole estremece enquanto barrigas cheias de vermes no paraíso cantam como pássaros neste quente anoitecer de Los Angeles.

Run with the Hunted saiu já faz algum tempo, mas fico contente por ter escrito a coisa. Tento imaginar o que o garotão Freddie conseguiria fazer com *Meu coração tomado em suas mãos*, ou como ontem recebi meu primeiro exemplar de *Crucifixo em uma mão morta*, uma das 3.100 cópias, novos poemas 1963-1965. Freddy vai ter um grande café da manhã.

Parece que certas pessoas acham que a poesia deveria ser de um certo jeito. Para elas, não haverá nada senão anos problemáticos. Mais e mais pessoas vão aparecer para romper seus conceitos. É duro, eu sei, como alguém comer a sua mulher enquanto você está no trabalho, mas a vida, como se diz, continua.

[Para Steve Richmond]
23 de julho de 1965

[...] ouça, meu amor, você consegue achar Jeffers em quase qualquer biblioteca... tente seu *Such Counsels You Gave to Me*, e seu *Roan Stallion, Tamar and Other Poems*, esp. *Roan Stallion*. Jeffers é melhor nos poemas longos. Também acho que Conrad Aiken, a despeito de ser um tipo poético mais ou menos confortável e quase cadela, deu jeito de arar alguns pontos. Seu principal defeito era que ele escrevia bem demais; os sons de seda-algodão quase ocultavam o significado, e, claro, essa é a tática da maioria dos poetas de merda: parecer mais profundos do que são, inserir dardinhos deliciosos e delicados e aí se retirar para seus seguros confortos. A vida fica mais real, para mim, mas parece que a poesia, na maioria, permanece a mesma. Posso pegar qualquer número da *Poetry* de Chicago lançado nos últimos dez anos e sinto como se alguém tivesse me aplicado um golpe e é possível que *tenham* aplicado em nós. o problema conosco é que engolimos a aparente superioridade deles e portanto eles SE TORNAM superiores. mas eles acabam escrevendo para a *New Yorker* e morrendo e nós acabamos trabalhando nas minas de carvão e morrendo. então faz alguma diferença?

Os Webb publicaram dois livros de Miller depois de editar as obras de Bukowski Meu coração tomado em suas mãos e Crucifixo em uma mão morta.

[Para Henry Miller]
16 de agosto de 1965

bem, é o meu aniversário de 45 anos, e com essa desculpa esfarrapada eu tomo a leniência de lhe escrever – embora eu imagine muitíssimo bem que você deve receber cartas a ponto de ficar biruta. Até eu as recebo, na maioria bem animadas e até mesmo elétricas. É quando chegam aos poemas que elas se achatam. e as pessoas mandam os poemas junto. ouvindo Chopin – é, Kristo, sou quadradão em alguns sentidos, e secando a cerveja. Conheci o seu Doc Fink com suas piadas de judeus, e também sua espécie de franca plausibilidade e volume. ele trouxe a cerveja junto com a esposa e eu escutei e lhe dei uma colagem ou algo assim que eu tinha feito. ele é seu paladino, mas, caralho, isso não é novidade nenhuma – muitos de nós somos.

de qualquer maneira, ele me deu um exemplar do livro de Céline – como é o nome mesmo? – *Viagem ao fim da noite*. mas ouça uma coisa, a maioria dos escritores me dá nojo. suas palavras nem sequer tocam o papel. milhares de milhões de escritores e suas palavras, suas palavras nem sequer tocam o papel. mas Céline. me fez sentir vergonha do pobre escritor que sou, me deu vontade de jogar tudo fora. um maldito mestre sussurrando na minha cabeça. deus, eu era como um menininho de novo. ouvindo. não há nada entre Céline e Dostoiévski a menos que seja Henry Miller. de qualquer maneira, depois de me sentir mal por descobrir como eu era pequeno, segui em frente e li o livro, e fui levado pela mão, de bom grado. Céline era um filósofo que sabia que a filosofia era inútil; um fodedor que sabia que foder era quase uma fraude; Céline era um anjo e cuspia nos olhos dos anjos e ia caminhando pela rua. Céline sabia tudo; quero dizer, ele sabia tanto quanto era possível saber se você tivesse apenas dois braços, dois pés, um pau, alguns anos para viver ou menos do que isso, menos do que cada ou qualquer uma dessas coisas. claro, ele tinha um pau. dava para saber isso. ele não escrevia como [Jean] Genet, que escreve muito muito bem, que escreve bem demais, que escreve tão bem que põe você para dormir. ah que diabo, e enquanto isso estão atirando dos telhados das casas e outra noite jogaram um Molotov na esquina da Hollywood Blvd. com a Ivar, que fica razoavelmente perto mas não o bastante para um beijo meu. trabalho com uma negrada e a maioria dos negros me adora, então talvez eu devesse andar com um cartaz pendurado no meu pescoço dizendo VEJAM SÓ! OS NEGROS ME ADORAM!!, mas isso não funcionaria tampouco, porque aí algum branco filho da mãe me daria um tiro. Deus, mulher aqui alimentando criança e enquanto escrevo me inclino por cima da mesa e digo "aaaah, experimenta uma banana, EXPERIMENTA UMA BANANA!!" eu, o bebê durão. bem, todos nós rimos. eles estão aqui desde o começo desta carta então se isto estiver truncado não é porque um macaco verde está embaixo da mesa agarrando meu saco.

bêbado, um pouco, como de costume, sim. Chopin emanando sob os dedos de... quem? Pennario, Rubinstein? meu ouvido não tão bom. os ossos de Chopin estão mortos e estão atirando dos telhados das casas e estou sentado numa cozinha suja e barulhenta escrevendo para Henry Miller. outra cerveja, outra cerveja. prossigo na teoria de não desistir; não vou desistir se tudo voltar, não vou desistir se mandarem um coro de putas me chutando nos olhos e um conjunto de seis meninos bichas bateristas bongoando bop havana twist meu deus. eu não comecei até chegar aos 35 e se eu esperar mais 35 não restará grande coisa. então faço quarenta e cinco hoje escrevendo para Henry Miller. tudo bem. acho que Doc Fink me considera um esnobe. simplesmente não acredito em ficar batendo em portas. fui sempre um solitário. vou ser objetivo; simplesmente não gosto da maioria das pessoas – elas me cansam, me atrapalham, sacodem meus olhos, me roubam, mentem para mim, me fodem, me enganam, me ensinam, me insultam, me amam; mas acima de tudo elas falam falam FALAM até eu me sentir como um gato enrabado por um elefante. isso simplesmente não é nada bom para mim, uma parte grande demais não é nada boa para mim. nas fábricas e nos matadouros elas são mantidas ocupadas demais para falar, e eu gostaria de agradecer a bondade dos meus ricos patrões por isso. mesmo quando meus patrões me demitem eu nunca escuto as vozes deles, e eu sou o filho da puta mais desistente e demitido que você jamais conheceu; mas nunca escuto as vozes deles; é algo brando e delicado e cortês e eu simplesmente vou embora do lugar e sequer penso em atirar em alguém do alto de um telhado. eu penso, bem, vou dormir por uma semana e depois dar uma olhada. ou vou para casa dar uma trepada e beber a noite toda. esse tipo de coisa. eu me encaixo perfeitamente nesses planos. sou um merda. mas ainda um solitário. e agora tive alguns poemas publicados e as pessoas aparecem batendo na porta e ainda não quero vê-las. a diferença sendo que, se você é um solitário e ninguém, você é biruta; se você é solitário e um pouco conhecido, então você é um esnobe. sempre vão encontrar o cabresto adequado para você, não importando para onde você se mova. até a mulher aqui, ela precisa me corrigir constantemente. não importa que diabo eu diga. posso acordar de manhã e dizer: "Deus, que calor". e ela vai dizer: "Você só *acha* que está quente. não está tão quente como ontem. digamos que você estivesse na África...". esse tipo de coisa.

onde estou? outra cerveja? claro.

agora a garotinha quer mexer na máquina. ok., mexa nela, meu amor, mexa nela. eu a pego. e lá vai ela. "Que droga, eu lhe digo, você não vê que eu estou escrevendo para Henry Miller? não vê que é o meu aniversário de 45 anos?"

de qualquer maneira, espero que você tenha recebido os 3 *Cru[cifixo]s*. Webb me deu 16 que não devia ter dado porque a minha tendência é repassá-los para quem quer que esteja ao meu redor quando estou bêbado mais minhas pinturas, mas as pinturas são péssimas, acho, fico tentando fazer com que a cor amarela transpareça por entre as outras cores, talvez que nem a minha espinha dorsal. claro, sou amarelo; sou amarelo e durão e cansado e bêbado, e a vida parte como um peido e sigo na caminhada. fico pensando em [D.H.] Lawrence ordenhando suas vacas, fico pensando na Frieda dele, sou biruta; fico pensando em rostos nas fábricas, nas cadeias, nos hospitais. não lamento por esses rostos; simplesmente não consigo distingui-los. como bagas balançando ao vento, como cocô de pássaro na estátua da vida. que droga. outra cerveja. bem, Franck agora tocando. levamos o que conseguimos pegar. se bem que S. em D. não ruim. quando eu era casado com certa milionária, eu estava deitado no tapete ouvindo a sinfonia em D. de F., e ela, ali sentada, falou "eu acho essa música *horrível!*", e eu soube na hora que o milhão já era. eu não daria certo com ela. para provar isso, naquela noite, quando comi ela no quarto, todas as estantes caíram e vasos de flores e quinquilharias desabaram nas minhas costas e bunda. quero dizer, eu faço um bom serviço, mas não *tão* bom. ela achou horrível também quando ri naquele momento, e enfiei de volta e vi o milhão sumindo sumindo... "Não gosto de homem que tira sarro de si mesmo, não gosto de homem que ri de si mesmo. Gosto de homem que tem orgulho", ela me falou. bem, eu preciso rir porque sou ridículo; sou feito apenas temporariamente, cago e limpo a minha bunda, e cheio de ranho e muco e bicheiras e ideias grandiosas... mas sou realmente um bosta, nada além de um bosta. então primeiro houve o lustroso com o alfinete roxo na gravata e a voz culta. mas por fim ela acabou ficando com um esquimó, um pescador e professor japonês, Tami creio que o nome dele era, é. Tami ganhou o milhão; eu ganhei o alfinete. Acho que eles não ouvem Franck.

de qualquer maneira, espero que você tenha recebido os livros. a mulher desceu para ir ao mercado e comprou uma caixa de papel e cortou em pedaços e fez o trabalho sujo. um amigo seu disse que pagaria pelos livros, falou: "Vou meramente cobrar o valor como despesa de trabalho". Sugeri que 5 paus por livro seria o.k. e, uma vez que os meus direitos autorais são de apenas dez centavos por cópia em qualquer um dos 3.000 livros vendidos, eu achava que estava sendo roubado. Creio que ele pensou igual, porque já se passaram 2 semanas e não tive notícia, mas aí falei mesmo a ele: "Se você está *mal* de grana, esqueça". e acho que estamos todos *mal* de grana afinal. a sepultura está sempre lá e nunca poderemos comprar uma sobrevida. morei num lugar certa vez em Atlanta por um dólar e 25 centavos por semana. vivi por um mês com 8 dólares. e escrevia poesia nos cantos dos jornais sujos que encontrei no chão. sem luz, sem aquecimento. não sei o que aconteceu com os jornais. meio que me lembro do que aconteceu comigo. isso é normal, mesmo quando fica anormal. estou torrando a sua paciência nesta noite. ainda está lendo? tenho minhas dúvidas. bem, 45 é uma idade triste. 30 foi a pior. superei. não finjo ter fibra. só fico me perguntando.

agora se prepare para o palavrão: claro, eu gostaria de me encontrar com você. gostaria de vê-lo sentado numa cadeira na minha frente. sem muita chance. não sou grande coisa falando. não me sinto bem na maior parte do tempo. seria como b.g. encontrando Deus. e aí você atravessaria a sala para dar uma mijada, e eu diria, veja bem, Deus também mija. não deteste a adulação, Henry, você bem que mereceu em parte. você já passou por isso. só chamo você de "Henry" porque costumo receber longas cartas disparatadas de certo estudante que insiste em me chamar de "Sr. Bukowski" o tempo todo até eu sentir que me pegaram e que realmente tudo que ele quer é rastejar por cima do meu cadáver achatado. de qualquer maneira, se algum dia você decidir chegar, uh, meu # de telefone é NO-1-6385 e o endereço está no envelope. mas agora estou cagando em você. esqueça.

Céline, Céline, meu deus, Céline. que jamais tenham fabricado um homem como esse??

outra cerveja.

de qualquer maneira, uma vez que você é Céline, eu gostaria que você soubesse que, não importando o que era escrito, eu passei por tudo – os bancos de praça, as fábricas, as cadeias; vigiei porta de depósito em Fort Worth, trabalhei em fábrica de biscoito canino, enjaulado com Inimigo Público #1 (que sorte!); enrolei e fui enrolado; os hospitais com minha barriga dilacerada; metendo com toda puta e cadela louca de uma costa à outra; todos os empregos terríveis, todas as mulheres terríveis, tudo, e só um pouco disso aparece na minha poesia porque ainda não sou homem o bastante e talvez nunca seja; julgamento final em recente *La Grande Ronde Review* de que eu era grosseiro, minha ortografia era fraca, e pancadas de todos os tipos. não comprei a edição, não tenho fibra para tanto, mas eu soube através de outra pessoa. usaram 5 páginas e meia me dilacerando. quem sabe eu estou chegando lá? mas o que a maioria deles não percebe é que, embora minha ortografia seja fraca, escrevo grande parte do troço bêbado e os malditos dedos pulam e na manhã seguinte estou passando mal demais para ler, simplesmente pulo, arranco fora, justo como vou fazer com esta carta. a manhã não é forte o suficiente para aguentar a noite.

mas em vez de prosseguir, acho que vou parar. seguramente e com toda a certeza eu prov. falei o bastante. após início selvagem agora bati mesmo relógio de ponto por 8 anos em horrível emprego. mas outro dia vendi uma pintura por $20. à distância. alguém me disparou uma nota de vinte de uma pequena cidade na Flórida e disse "mande uma das suas pinturas". então talvez eu não esteja morto ainda. você nunca estará morto.

[Para Henry Miller]
Final de agosto de 1965

não, não sou de fazer visitas, e espero que você não pense que eu estou planejando me impelir contra você. eu estava bêbado quando escrevi a carta, se isso serve como desculpa. quanto a beber, se isso inutiliza ou detona a criatividade na minha cabeça, então que pena. preciso de mais para viver minuto a minuto do que para ser qualquer espécie de artista criativo; o que quero dizer é que preciso de algo para me levar em frente ou então eu fico para trás, sou um covarde, não quero ficar entrando pelas portas.

Livros [*Crucifixo*] pagos, e bem a tempo (para mim). precisei mandar fazer revisão completa de freio no meu velho Plymouth. estava dirigindo sem freios. a mulher berra com o preço. acha que eu sou um tolo. eu sou um tolo. ela entra para mijar e eu olho suas pernas enormes, desprovidas de vida. então ela liga o rádio. o rádio está sempre ligado. eu caminho de lá para cá com tampões de ouvido na cabeça tentando decidir se devo sair para uma garrafa de vinho. como qualquer outra pessoa – devendo conta do gás, devendo conta do telefone, penhascos caindo na minha cabeça... não, não, é raro eu trabalhar com prosa, sobretudo porque, se recusarem, estou morto. toda essa energia destruída. não tenho fibra para escrever um romance por temor de que eu botaria nele metade da minha vida e aí ele repousaria numa gaveta sem pernas. certa vez falei numa revista que eu escreveria um romance por um adiantamento de $500, em qualquer lugar, a qualquer momento. ninguém me bancou nem nunca vai me bancar. se eu pareço desesperado por dinheiro, não pense que sou. é uma questão de energia – vazando. consigo brincar com poemas e mal me machucar e ainda aguentar firme, se você me entende. a criança está me arranhando agora – 11 meses de idade, ela quer datilografar. vai ganhar sua chance, a cadela.

vou tentar procurar [Jean] Giono ou pedir à mulher que faça isso. mas não consigo ver ninguém chegando perto de Céline. esse homem tinha uma cabeça cheia de parafusos dourados. merda, merda, meus braços e peito doem! vou descer para Del Mar amanhã no trem. essas mulheres me deixam amarrado nestes 2 aposentos pequenos, e preciso me libertar por um momento: céu, estrada, o traseiro de um cavalo, as árvores mortas, o mar, novas perambulações – qualquer coisa, qualquer coisa... os desenhos que lhe mandei terríveis. um péssimo truque. estou fazendo um livro de desenhos para alguém e esses eram 2 que eu não tinha mandado. o editor quer um monte de desenhos e alguns poemas – o que para mim é legal: um pouco de tinta nanquim e um monte de cerveja e vamos nessa.

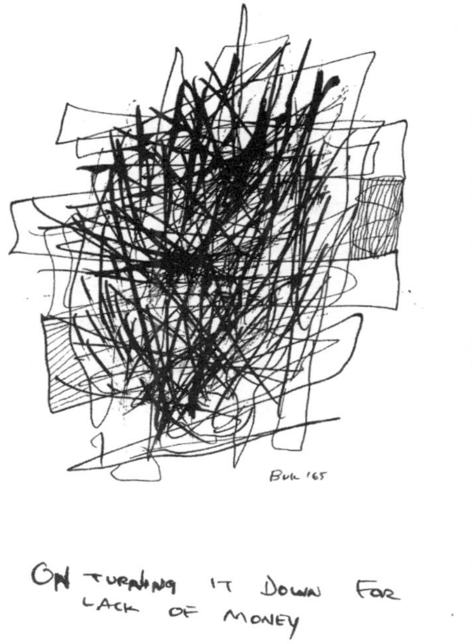

As duas ilustrações acima, retiradas do livro inacabado de desenhos e poemas *Atomic Scribblings from a Maniac Age* (1966), foram enviadas a Miller.

Em 1965-1966, Bukowski apareceu em diversas edições da Intermission, *editada por Cole.*

[Para Gene Cole]
Dezembro de 1965

Obrigado, claro, pela *Intermission*. Li 2 números até agora; bons artigos, mas a sua poesia enchedora poderia se valer de uma pequena injeção de ânimo. Mesmo assim, fico nervoso lendo aqueles artigos sobre dramaturgia, "uma peça precisa ter uma premissa" e assim por diante. Receio que os problemas dos nossos dramaturgos sejam os mesmos de todas as outras pessoas – isto é, eles são treinados, alguém lhes IMPÕE o jeito certo de fazer uma coisa. Isso ajuda o troço a fluir, pode ajudar praticantes; pode ajudar dramaturgos ruins a se tornarem quase bons, mas "como fazer" nunca irá criar uma Arte, nunca irá trocar a pele velha, nunca irá nos tirar daqui. Se eu fosse escrever uma peça, eu a escreveria do jeito que bem me desse na telha, e daria tudo certo. Não estou querendo dizer que não deveriam existir artigos sobre dramaturgia ou oficinas de dramaturgia. Eu não proscreveria nada. Que as pessoas façam o que quiserem. E boa sorte para elas. E se forem capazes de criar Arte e fazer um teatro duradouro com esses métodos, ficarei muitíssimo feliz em ser chamado de mentiroso.

1966

[Para John Bennett]
Final de março de 1966

[...] às vezes, quando fico bêbado, certo editor em mim se infiltra nas veias, no flácido e oblongo fiapo de cérebro, e aí chego até a ter ideias para revistas, quais sejam:
(e falando sério)!

1: *A Contemporary Review of Literature, Art and Music*
ou et:
A Review of Contemporary Literature, Art and Music
nada de poesia, nada de trabalho moderno original – só artigos vívidos e indômitos a respeito da cena, e, se possível, reproduções de obras de Arte. claro, eu mesmo escreveria alguns dos artigos para garantir que a revista tivesse vida e pulso. acredito de fato que uma revista dessa espécie é necessária, mas duvido que conseguisse evoluir algum dia.
2: *The Toilet Paper Review*
que seria datilografada por mim em papel higiênico (nosso lema sendo "Não cagamos!") eu usaria alguns carbonos ao datilografar e aí colaria o papel higiênico em papel normal e faria desenho de capa original para cada revista enviada.
3: (sem título) apenas iria imprimir em tinta nanquim cada revista com arte em óleo pastel (tudo diferente) em cada revista, também uma arte original na frente de cada revista. aprendi a imprimir à mão muito rápido quando passei fome e não tinha máquina e mandava

o material via ondas de tinta. consigo imprimir à mão mais rápido do que consigo escrever em caligrafia normal, ou costumava ser capaz disso. [...]

certo macaco no Arkansas escapuliu com cerca de 100 desenhos meus em tinta nanquim que ele alegava que iria lançar em livro. anunciou livro e arrecadou $$$. agora não responde meus questionamentos, meu pequeno público vai pensar que sou um trapaceiro do caralho. não é tanto que eu me importe, são as longas noites bêbadas, acordado noite toda até o sol pintar, rindo comigo mesmo, bebendo com saco pelado na cozinha, me besuntando todo de nanquim, as paredes todas, sentindo quase que

Criado para o abortado *Atomic Scribblings from a Maniac Age*, este desenho acabou sendo publicado em uma revista literária em 1971.

eu estava vivo, sabe, e aí esse babaca me levar todas essas noites, todos esses desenhos – enterrá-los, rasgá-los. eu gostaria de arrebentar um desses bostas no vão da porta quando atendessem a campainha, mas eles devem adivinhar com maldita certeza que não posso atravessar o país perseguindo-os. mais fácil fazer outros cem desenhos. pronto, eis mais uma história triste para o seu arquivo. o tipo literário é o último tipo em quem confiar, lembre-se disso. formigas, pigmeus, artistas masturbadores, chupadores, filhinhos da mamãe engolidores de ranho, o bando todo – quase, quase. você precisa lembrar que vou fazer 46 em agosto e, muitíssimo embora eu só tenha entrado no jogo aos 35, vi o bastante em onze anos para acumular um beijo de napalm para todos eles. quase.

Ferlinghetti publicou em 1965 a Antologia Artaud*, que Bukowski resenhou para o* Los Angeles Free Press *no início de 1966.*

[Para Lawrence Ferlinghetti]
19 de junho de 1966

[...] bem, ouça, não era minha intenção mudar de rumo. sobre o Artaud, julguei várias de suas ideias extremamente similares às minhas, na verdade, enquanto lia fiquei com a sensação de que eu tinha escrito vários dos versos – papo furado, claro, mas ele é um dos poucos escritores que me fazem sentir que não consigo escrever em absoluto. não é muito frequente eu ficar com essa sensação.

não se preocupe com as resenhas francesas, aqueles bastardos automaticamente acham que somos quadrados – é uma insígnia que usam faz alguns séculos, é uma caça às bruxas e um golpe sujo. é o melhor livro, o seu melhor, uma marreta com pernas e olhos.

enquanto isso, apalpo minhas bolas maltratadas e estremeço sob o sol.

Jean e Veryl Rosenbaum publicaram poesias de Bukowski em diversas edições da Outcast *em 1966-1968.*

[Para Jon e Lou Webb]
11 de julho de 1966

sim, Rosenbaum recebeu a edição da *Ole* com poema sobre ele. ele me escreveu. tenho a carta aqui em algum lugar.

> *"Heil Hank! Rei das latas de cerveja,*
> *Eu estava realmente esperando ser ofendido por seu poema de réplica na* Ole *ao tapa de luva literário e soberbo texto meu na* Outcast *#1. Fiquei por conseguinte desapontado ao saber que você só disse ui. Tão débil que talvez não tivesse sido sequer um ui, mas um peido. Não foi a sua superficial compreensão das situações que me entediou tanto, mas antes que você perdeu o seu ímpeto. Para falar a verdade, você tem tanta noção quanto eu de que não escreveu nenhum poema efetivo desde* Meu coração *– apesar do arranjo de r.p. nos dois seguintes! como dois de seus verdadeiros admiradores tanto Veryl quanto eu ficamos preocupados com o seu declínio artístico nestes vários anos, apesar de*

sua divertida popularidade. Acho que você está acima dessa cena. Você tem noção de que a sua apólice de seguro dos correios cobre 50 por cento dos custos de psicoterapia? Eu gostaria que você fizesse algo para se desarrolhar, já que desejamos e precisamos de algumas coisas fortes suas para futuras edições da Outcast.
Jean"

em papel rosa com cabeçalho da *Outcast*. no último número da *Outcast* eles editaram meu poema com 3 ou talvez apenas 2 palavras em grafia errada, não por erro meu mas com "e's" onde deveriam estar "o's" e assim por diante. os outros poemas estavam (de outras pessoas) grafados corretamente. não é preciso ficar batendo em infinidades, mas esta é só mais uma ocasião na qual uma refrega com Jean me deixa com uma sensação de repugnância. e, para um sujeito que não ficou ofendido, mas apenas desapontado com um poema, ele se revela uma fera com dentes bastante afiados em sua carta. não preciso ser psiquiatra para deduzir que ele está coiceando de volta. mas cansei de disputar com esse otário. a propósito, há meia dúzia de diferentes seguros do correio, isto é, seguros autorizados pelo correio para o uso de seus empregados. todas as taxas variam, incluindo até o custo da "psicoterapia". o bom doutor simplesmente adora tocar no assunto do correio – ele sabe que isso está me matando e parece ficar satisfeito com isso. além disso, não entendo a frase "acho que você está acima dessa cena". parece ter sido jogada na carta entre 2 frases que não têm nenhuma relação com ela. por acaso sou *eu* o *único* que é biruta? um, um, umm. [...]

a ideia de um possível terceiro livro de Bukowski pela Loujon em 67 ou início de 68 com toda a certeza me impede de cair morto na rua. a mera chance improvável de acontecer tal coisa me impede de destruir paredes de papel e ir para a cama com mulheres que não quero e ficar andando de um lado a outro sob o sol daquele maldito placar numérico com buracos na minha alma e bolsos. umm. de qualquer maneira, é bom ter um sinal como esse com grande antecedência. posso ficar reunindo, datilografando um material. tenho coisas aceitas em 2 dúzias de revistas literárias, e no correio, hoje, cartas de umas revistas europeias que querem ver o meu material, e os meus dedos se sentem bem no papel, nas teclas. não estou escrevendo a mesma coisa ou do mesmo jeito como fiz em *Meu coração*. isso incomoda alguns deles, mas para mim é apenas normal. não importa o que escrevo, bom ou ruim, precisa ser eu, hoje, o que é, o que sou. os poemas de bebedeira e putas foram o.k. em seu tempo. não posso continuar indefinidamente com isso. os americanos sempre querem uma IMAGEM de referência, algo para rotular, para engaiolar. não posso lhes dar isso. das duas uma: ou pegam este velho com buracos nas meias, às 4 da tarde, esfregando os olhos e sonhando com Andernach, ou não pegam nada. o último poema no dia em que escrevo será o poema que preciso escrever no momento. eu me permito essa liberdade. [...]

não, [John] Martin não tende a discursar. eu tento fazê-lo falar mais de si mesmo e de suas atividades. o tipógrafo dele é um quadradão total. tente fazer Martin lhe falar sobre o tipógrafo uma hora dessas. havia um poema meu com a palavra "foda" nele. ele montou tudo exceto essa palavra. disse que não conseguia fazer isso. nunca tinha. sugeri a Martin que eles pegassem um pequeno carimbo e a carimbassem. meu deus, o poema nunca saiu. ele não conseguiu fazer aquilo. ele chama os meus poemas de "sádicos pra valer". deus do céu, que mundo de desgraçadas meias-pessoas.

[Para Harold Norse]
2 de agosto de 1966

[...] Creeley, sim, difícil de desanimar, mas acredito que está ficando desesperado – finalmente escreveu um poema sobre como ele observou certa mulher mijando na pia, ela não mijava, mijou e corou, mijando depois de ter sido fodida por ele – só que Creeley não fode, ele faz amor. mas o poema não funcionava porque você percebia que ele estava tentando pegar a rapaziada de surpresa para entrar na turma. é tão ruim quanto eu tentar ser Creeley, digamos:

eu a balancei no balanço
no parque, minha filha, o céu estava lá,
minha filha no balanço, foi no
parque, e certo dia, pensei, enquanto ela tocava o céu:
vou ter minha
chance.

[Para Michael Forrest]
Final de 1966

[...] entalho em pedra não porque dure mas porque está lá e não responde que nem uma esposa. entalho em pedra porque os 2 ou 3 bons homens de um mundo futuro vão me escolher e rir. Isso basta – meus séculos não me proporcionaram isso.

Acho mesmo que por (ou apesar de) meus 46 anos no inferno retive uma pequena e esplêndida cagona gloriosa desprezível cusparada de devaneio + gargalhada sob (talvez) minha grande unha do dedão do pé esquerdo, o que me mantém a meio caminho entre o suicídio e o empenho. É um bom meio-termo. Claro, meios-termos não são nem contundentes nem pública ou artisticamente bombásticos (exitosos) ou amáveis. A maioria dos meus poemas é sobre eu mesmo simplesmente atravessando uma sala e estando feliz/triste (sem palavras adequadas aqui) por tanto a sala + eu estarmos aqui no momento. Já li, creio, quase todos os livros, mas ainda gostaria que alguém em algum lugar tivesse dito isso para *mim*. N[ietzsche], Shope[nhauer], o pretensioso queridinho das multidões Santayana. Qualquer um.

1967

[Para Darrell Kerr]
29 de abril de 1967

[...] quero dizer, para mim, boa parte do barato está na Criação, Vadia Kapital. foda ou corrija ou escreva ou pinte. 2 caras conversando não me servem muito.

escrever um poema é uma coisa singular.

e não sou um esnobe que pensa que a minha merda não fede mas entre beber até a morte e trabalhar num emprego que me mastiga, no tempo que resta, essas uma ou 2 horas, gosto de trabalhar do meu próprio jeito.

então não leia em leituras de poesia, frequente Celebrações do Amor, da Piração, e por aí vai.

sempre fui basicamente um "solitário". *existem* pessoas assim, por natureza ou psicose ou seja lá o que for que ficam agoniadas na multidão e se sentem melhores sozinhas. VOCÊ PRECISA AMAR é em grande medida o lance agora, e acho que quando o amor vira uma ordem o ódio vira um prazer, o que estou tentando lhe explicar é que o meu caráter é um tanto ferrado e que uma visita sua não resolveria nada, especialmente com um cântaro de uísque vagabundo quando meu estômago já era. estou com quase 47, bebendo há 30 anos e não resta grande coisa, entrando e saindo de hospitais. não estou querendo me fazer de coitado. é só que *algumas* das coisas que alguns dos jovens percebem agora, entendem agora (e muita coisa eles não entendem), eu tinha sacado lá em 1939 quando a Guerra era Boa, a Esquerda era Linda e por aí vai. quando Hemingway parecia bem bacana e por lá em algum momento os caras corriam para ingressar na Brigada Abraham Lincoln. os jovens são sempre excitáveis; eu não era. a moldura no quadro a moldura e o quadro ficam mudando e se você correr para todo pôr do sol aparentemente bonito você vai ser sugado para dentro de um monte de armadilhas de areia e bandeiras mortas. um homem precisa em grande medida formar seus próprios conceitos, se puder; bater os dentes como um macaco no parque ou no escuro não vai resolver. Na verdade, não há muita coisa que possa resolver. eu não vou resolver com uma máquina de escrever e você não vai resolver com uma livraria. se o mundo mudar em absoluto será porque os pobres de merda são numerosos demais e porque existem pobres de merda demais e os poucos garotos ricos poderosos vão ficar assustados porque se você tiver pobres o bastante e eles forem pobres o bastante nem mesmo todos os jornais de propaganda do mundo serão capazes de lhes dizer como eles são sortudos e que a pobreza é sagrada e que passar fome é bom para a alma. se essas pessoas tiverem poder de voto, as coisas vão mudar, e se não tiverem poder de voto os tumultos vão ficar mais fortes mais vermelhos mais quentes mais infernais. não tenho nenhuma política, mas é bem fácil de ver. mas os garotos poderosos são espertos também, eles vão tentar lhes dar só uma beliscada, uma esmola na medida certa para mantê-los calmos. aí a bomba poderia solucionar um monte de coisas também. tudo que os escolhidos precisam fazer é esperar até aparecer um esconderijo no espaço e deixar a coisa rolar. nos lugares certos. eles voltam depois de os agentes sanitários terem limpado até o fim os ossos. enquanto isso, fico sentado diante da minha máquina de escrever, e espero. [...]

é perigoso você se afastar demais da forma do poema. a forma-do-poema (merda, olhando pela minha janela agora acabei de ver algo sair de um táxi ow ow ow ow em saia alta amarela pernas de nylon jesus ela bamboleou à luz do sol e o velho safado se grudou no vidro da janela e verteu suas lágrimas de sangue) deixa puro para o dente, seda ao toque, nylon para alma de violão quebrado, a a sim. mas de vez em quando eu escapo da forma-do-poema e não meço palavras. sou apenas humano, "demasiado humano", como certo filósofo empoeirado disse certa vez. empoeiradamente, conseguintemente. até as minhocas fodem. [...]

eu achei que tinha ganhado o Prêmio Pulitzer. Webb me disse ano passado que o pessoal do Pulitzer entrara em contato com ele, que *Crucifixo* tinha sido indicado para o Pulitzer. bem, ou Webb estava bêbado ou outra pessoa levou. provavelmente deram para algum prof universitário gordo que escreveu rondós rimados numa tentativa de provar que tinha psique. ouça, preciso parar isto em algum ponto. você vai pensar que eu estava bêbado; não tomei sequer uma cerveja por 2 dias. tudo bem. escurecendo. Los Angeles é uma Cruz, e todos nós ficamos pendurados aqui, estúpidos Cristinhos. música chinesa de fim de tarde no rádio. sóbrio, sóbrio, sóbrio.

[Para Ronald Silliman]
Março de 1967

[...] li os críticos – Winters, Eliot, Tate e assim por diante, a Neocrítica, a Nova Neocrítica, as demandas de Shapiro, toda a turma da *Kenyon*, a turma da *Sewanee*, usei metade da minha vida lendo os críticos, e se por um lado considerei o conteúdo pretensioso por outro considerei o estilo de certa forma agradável, e agora é legal da sua parte me dizer que os melhores entre eles estão tentando botar "a dignidade humana, o amor-próprio, o tipo de orgulho que você encontra num garanhão livre selvagem" de volta no verso. isso me soa tão fajuto quanto um cu emborrachado de cavalo, mas se essa é a sua intuição e/ou sua perspectiva, é sua, e ótimo.

"SE TUDO MAIS É FEIO, É MORTAL, ENTÃO NÃO É NOSSO *DEVER* SERMOS LINDOS?" você grita para mim em maiúsculas, Ronald, "dever" é um palavrão, e "lindo" é uma palavra rasteira. se você quiser tirar o equilíbrio das empoeiradas perninhas de alguém – basta exigir que a pessoa seja "linda".

[Para John Bennett]
Setembro de 1967

o mundinho das revistas não é um animal lá muito saudável para mim. há 3 ou 4 boas, e depois dessas, nada. dia desses, tem uma revista chamada *Grist*, mudou uma palavra no meu poema de "chess" para "chase"*, o que com o restante do palavreado me fez parecer um veado. eles podem ter seu clube, seu jeito, mas por que me forçar a fazer parte? não me sentindo bem, de qualquer maneira, escrevi para eles a respeito. depois há dúzias de outras revistas que aceitaram os meus poemas, só que nunca lançando nada, e NUNCA devolvendo o trabalho. não faço carbonos. tampouco acredito que o meu trabalho seja tão precioso assim, mas é uma coisa repugnante, o jeito como esses garotinhos de revista com seus altos ideais revelam ser canalhas, veados, faquires, trapalhões, sádicos, por aí vai e assim por diante. o problema é que os garotos são na

* Respectivamente, "xadrez" e "caçar/caçada". (N.T.)

maioria muito jovens. uma revistinha lhes parece uma coisa dramática, Arte, destruindo velhas barreiras, hurra pela bravura, e assim por diante. mas, para começo de conversa, eles são na maioria editores ruins, sem dinheiro, esperando dinheiro do projeto de alguma forma; não gostam de trabalho, na maioria, e são escritores ruins, na maioria; e aí simplesmente se cansam, dizem que se foda. perdi um livro de poemas e desenhos para esses bostas, junto com 300 poemas. às vezes eu preferiria lidar com a empresa de telefonia, com a empresa do gás, com a polícia.

[Para Robert Head]
18 de outubro de 1967

[...] quanto a poemas antiguerra, fui antiguerra muito tempo atrás, numa época em que sê-lo não era popular ou da moda. era uma situação muito solitária, Segunda Guerra Mundial. parece que, do ponto de vista intelectual e artístico, existem guerras boas e guerras ruins. para mim, só existem guerras ruins. ainda sou antiguerra e anti uma carrada de outras coisas, mas ainda me lembro da outra situação, e de como poetas e intelectuais mudam como as estações, e o que tenho em matéria de confiança e posição reside principalmente dentro de mim, no que resta de mim, e quando vejo as longas fileiras de protestantes agora, sei que a coragem deles é apenas uma espécie de coragem semipopular, fazendo a coisa certa na companhia adequada, é tão fácil agora. onde diabos estavam eles quando *eu* fui jogado numa cela, Segunda Guerra Mundial? havia um grande grande grande silêncio então. não confio na besta humana, na Cabeça, e não gosto de multidões. bebo minha cerveja, mando ver na máquina de escrever e aguardo.

[Para Harold Norse]
21 de outubro de 1967

[...] p.s. – carta ferrada, de todo modo, sobre Ginsberg. é óbvio que ele aceitou o manto da multidão (há muito tempo) e isso é ruim porque, uma vez que a multidão lhe dá o manto e você o aceita, eles começam a cagar em você. mas Allen não sabe disso. ele acha que tem vigor suficiente pra rastejar por cima do troço. nem tanto. a barba dele se destaca e tende a salvá-lo, mas você não pode escrever poesia com uma barba. mal consigo ler as coisas dele agora. seu autoproclamado troço de DEUS e LÍDER sou-eu é simplesmente enfadonho e orientado. depois ele precisa se apoiar em Leary e Bob Dylan, os criadores de manchetes. jogadas ruins por tudo. tudo isso é óbvio, mas ninguém diz nada a respeito, sobretudo porque as pessoas têm medinho de Allen assim como têm medinho (mais medo) de Creeley. é uma cena devastada, meio como um filme de terror – você realmente quer rir, mas o ar cheira mal. acho que toda essa coisa deturpada bestial tem algo a ver com os E.U. da América, todavia não tenho certeza. Cristo, será que os europeus conseguem ferrar desse jeito? creio que conseguem, mas não com tamanha consistência e exatidão.

[Para Harold Norse]
3 de novembro de 1967

[...] por tudo, *Evergreen* [*Review*] e Penguin, e é bom, podemos aguentar um disparo de luz só para impedir os picaretas e babacas de fazerem uma *completa* festa, ainda precisamos recordar de onde viemos e o que é. a cabeça precisa permanecer onde estava. um campeão só é bom até sua *próxima* luta; na *última* ele não vai passar do primeiro round. escrever é uma forma de continuar vivo, uma comida, um mingau, uma bebida, uma trepada quente. esta máquina de escrever limpa e mói e estabiliza e reza. ninguém jamais vai me convidar para concorrer a presidente numa plataforma de Panela para cada Panela. tive uma quantidade suficiente de empregos ruins. e se quiserem divindade eles podem procurar sua igreja da esquina. não preciso de nada além de fitas para máquina de escrever, papel, algo para comer e um lugar para ficar – de preferência com uma janela dando vista da rua e que não tenha uma latrina lá no corredor e com uma senhoria com boas pernas que esfregue as coxas e o traseiro contra você de vez em quando. contra mim de vez em quando.

[Para Harold Norse]
1º de dezembro de 1967

recebi a *Evergreen* 50 hoje com meu pequeno poema ali dentro, bem no fim, o negócio é crivado de famosos, então lá estão eles: Tennessee Williams, John Rechy, LeRoi Jones, Karl Shapiro, William Eastlake... mas a escrita é toda ruim, exceto pela minha e por uma peça realmente boa de Heathcote Williams, *The Local Stigmatic*, que estreou no Traverse Theatre em Edimburgo... seja lá o que isso for. de qualquer maneira, muito bem escrita. mas o texto de Rechy era realmente ruim e os de Williams e Shapiro quase tão ruins. mas tudo isso eu aprendi muito tempo atrás – os agora famosos escreveram algumas coisas boas em certa ocasião e hoje já não escrevem bem mas circulam por aí vinculados a seus nomes, seus rótulos, e o público e as revistas engolem a merda deles. os deuses me abençoaram ao não me fazerem famoso: ainda disparo a palavra com o canhão – o que vale mais do que pingos de um pau mole. por tudo, no entanto, entrar na *Evergreen* me fez bem porque me ensinou que tudo é nada e que nada é tudo e que você ainda precisa amarrar seus cadarços caso tenha sapatos e fazer a sua própria mágica se houver alguma para ser feita. estou mais preocupado com o poema mais longo da tourada que fiz para eles e espero que saia bem na minha mente quando sair. o negócio com a *Evergreen* é que você poderia dar um soco de vida em alguém que você nunca poderia ter alcançado antes, mas isso é uma tangente, o negócio, claro, é colocar sal e pimenta na carne, mandar bala, não importa onde apareça. existem verdades básicas, às vezes, acho, e na maioria das vezes nós nos esquecemos delas. ou as deixamos de lado por enfado ou dinheiro. provavelmente estou escrevendo toda esta merda sobre a *Evergreen* porque fico com consciência pesada e medo de que esteja fraquejando como bom escritor de modo a entrar em suas lustrosas páginas. por outro lado, dá uma espécie de sensação infantil de Natal, abrindo a grande meia para ver os presentinhos. é legal. depois de tudo, depois de o poema ter acabado, aí você não passa de um vendedor cagão, e quem não iria preferir aparecer na *Evergreen* do que em *Epos, A Quarterly of Verse*? talvez os homens verdadeiramente bons ainda não tenham chegado. talvez ainda estejamos no estágio do casulo, e pior, seremos arrancados de nossos malditos casulos antes do tempo. ah. umm. eu certamente tenho toda a fraqueza de um bando de marujos incultos mal saídos do barco depois de 90 dias no mar sem ovelha e pouquíssimos olhos redondos. bem, não é minha intenção me passar por uma criatura com ares de Cristo, e de qualquer maneira não valeria um cocô de gato ser uma criatura com ares de Cristo, você não acha? eu acho que não.

1968

[Para Jack Micheline]
2 de janeiro de 1968

[...] Sim, você tem razão – o mundo-do-poema é meio sedoso e dominado por farsas macias, a *Poetry* (Chicago), que muito tempo atrás foi uma boa revista, é agora ponto de encontro favorito e máquina de mentira para os poetas farsantes flácidos, os trapaceiros, mas eles nos observam – eles chegam e tocam a campainha, querem olhar a criatura e ver como se faz. Mas não veem nada – um lixo de olhos vermelhos no sofá com ressaca que fala que nem o jornaleiro da esquina. [...]

Fama + imortalidade são jogos para outras pessoas. Se não somos reconhecidos quando caminhamos pela rua, é sorte nossa. Desde que a máquina funcione quando nos sentarmos de novo.

Minha garotinha gosta de mim, e isso basta.

[Para Charles Potts]
26 de janeiro de 1968

[...] gosto de AÇÃO. quero dizer, você sabe como algumas das revistas se mexem devagar, algo muito estupidificante nisso – bocejo, bocejo, ah mãe, fazer por quê? você sabe. creio que várias delas estão esperando por doações ou milagres. nenhuma das duas coisas vai chegar; elas bem que poderiam erguer o rosto e dar o fora. essa é uma das razões pelas quais ando escrevendo uma coluna por semana para o *Open City* – por enquanto. AÇÃO, o negócio salta da máquina de escrever para a página. entrego para Bryan, ZÁS, e EXPLODE, uma coisa não precisa ser jornalismo porque é instantânea, arte ruim e arte boa são criadas ao mesmo tempo. quero dizer, a questão do tempo não tem nada a ver com isso. não estou explicando bem, tentando fazer box para 5 da tarde.

Em 1967, Bukowski se candidatou, sem êxito, a uma bolsa da National Endowment for the Arts.

[Para Harold Norse]
20 de abril de 1968

[...] escrevi a Carolyn Kizer pedindo outro formulário de inscrição para, exaustivamente, tentar de novo uma subvenção. eu tinha ouvido falar sobre alguns dos que ganharam subvenções e sabia que eles não eram grande coisa – isto é, no que diz respeito a talento. e também foram oferecidas subvenções a pessoas que nem mesmo se inscreveram, e algumas delas recusaram as subvenções. imagino que não devem estar tão perto da inanição e da loucura como eu. perto desse fim. bem, nada da querida Carolyn, mas leva tempo, suponho. mas tive resposta tão depressa da outra vez. e uma bela carta longa, o que aconteceu? a gente fica especulando em torno de coisas que ocorrem debaixo e acima da terra sobre as quais não sabemos nada. acho que o X está riscado a giz nas minhas costas. estou pronto para o abate. o F.B.I. andou por aqui outro dia, fazendo perguntas a meu respeito para o senhorio e os vizinhos. o senhorio me contou. desde que comecei a beber com o senhorio e sua esposa, ganhei acesso à fonte das informações. [Douglas] Blazek me contou cerca de um ou 2 anos atrás que o F.B.I. o procurou e lhe perguntou sobre mim. sabe que a National Foundation é patrocinada pelo governo? *isso* poderia ser o silêncio de Carolyn e talvez eu tenha ferrado você também. acho que já lhe contei que um mandachuva me interrogou numa comprida sala escura com lâmpada baixa na extremidade de uma grande mesa. um legítimo troço Kafka-nazi. fiquei sabendo que eles não gostavam da minha coluna "Notas de um velho safado". perguntei: "devemos presumir que os funcionários dos correios são os novos críticos de literatura?". "hã, não, não é o que queremos dizer". o caralho. então ele me falou: "se o senhor tivesse se restringido à literatura, não teria tido problema algum". "mas isto...". e ele deu batidinhas no jornal e na minha coluna, e deixou o resto subentendido. é a escrita em si que simplesmente os deixa putos, mas eu mal sou sequer obsceno. eles não sabem como me enquadrar. e continuamos trocando apertos de mão. mas eles estão esperando a minha primeira escorregada, aí vão entrar e quebrar meu pescoço. enquanto isso, ficam torcendo para que eu fique paranoico com o negócio todo e comece a temer sombras e a evacuar meus suprimentos de sorte na latrina. coisa que posso muito bem acabar fazendo. enquanto isso, conto às poucas pessoas que conheço, de modo que possam ficar longe de mim se quiserem. e é espantoso. contei para algumas e já não tenho mais notícia delas. quase todo mundo, constatei, no fundo é uma espécie de bosta. eu sou a ruiva contagiosa sendo dispensada do carro na esquina.

[Para d.a. levy]
16 de julho de 1968

[...] rec. o fardo de *The Buddhist* [*Third Class Junkmail*] *Oracle* hoje. muito agradecido, sem dúvida. jornal tem curioso sabor próprio. tenho certeza de que você descobriu o que eu descobri – que o jogo da poesia está o.k. do jeito como até aqui o trabalhamos, mas tantas obstruções, mais da metade dos poemas aceitos nunca publicados e simplesmente esquecidos por pequenas pessoas bocejantes em Peoria Heights... enquanto isso, esses jornais dão AÇÃO INSTANTÂNEA que você pode VER SENTIR... E ABSORVER DE NOVO E DE NOVO... quem diabos quer apodrecer esperando??? nós trabalhamos com todas as mãos... tudo conta.

1969

Dombrowski publicou Charles Bukowski: um estudo crítico e bibliográfico, *de Fox, em 1969. Foi o primeiro estudo crítico alentado da obra de Bukowski.*

[Para Gerard Dombrowski]
3 de janeiro de 1969

[...] Sobre o livro de [Hugh] Fox sobre mim – tá bom, eu bebi algumas noites com o sujeito, e se você quer alguma fofoca escrota – ele não faz o meu tipo. Ele é Universidade, e preso entre as bolas espremidas de seus ensinamentos. Talvez meu ressentimento exista porque, nas noites da nossa bebedeira, só ele falou, e grande parte era uma extensão tosca mimada mole blasé gorducha de ressentimentos e maus-tratos represados de um orador de Inglês II de Ivy League... ele transou tresandou, ele não transou... tento imaginar o que alguns dos caras morando em quartos de 5 paus por semana ou em bancos de praça ou na Missão teriam pensado...

Sabe, o principal problema, até aqui, tem sido que tem havido uma diferença e tanto entre literatura e vida, e que aqueles que estiveram escrevendo literatura não estiveram escrevendo vida, e aqueles vivendo vida foram excluídos da literatura. Ocorreram inovações ao longo dos séculos, é claro – Dos[toiévski], Céline, o primeiro Hem[ingway], o primeiro Camus, os contos de Turguêniev, e houve Knut Hamsun – *Fome*, todo ele –, Kafka e o espreitante Gorki pré-revolucionário... poucos outros... mas a maioria tem sido um terrível monte de merda, mas desde 1955 tem havido uma regressão do monte de merda. Claro, houve uma terrível abundância de bostas fantasmagoricamente jogadas em cima de nós e engolidas (publicamente) desde então, mas agora estamos num estado de mofo e não houve grande inovação porque todos os bons escritores escrevem bem pra burro mas pelo amor de deus tudo muito igual, então agora estamos em outro fluxo???... nenhum GIGANTE.

Bem, talvez não precisemos de GIGANTES. De alguma maneira, os gigantes parecem ter nos deixado razoavelmente bem aquém do esperado. o quê? Por outro lado, também, estou ficando de saco bastante cheio com o escritor competente e até *humano*. A resposta está em algum lugar no céu salame, e eu me refiro ao do espírito, não daqueles idiotas desastrados na lua. A primeira atrocidade na lua, a primeira guerra não vai demorar a vir. Talvez a primeira atrocidade tenha sido o pé humano sobre o intocado.

Bem, você me perguntou sobre o livro de Fox a meu respeito. Quer que eu seja direto? Achei maçante, direto, acadêmico e desprovido de coragem. Eram sapinhos de livro didático pulando seus pulinhos maçantes em nenúfares flutuantes. Maçante; falei duas vezes; vou falar três vezes: maçante, maçante, maçante. A MENSAGEM-POEMA ou FORÇA foi completamente negligenciada no negócio mamãe-ensinou de isso pertence àquilo e aquilo pertence a não sei o quê –: isso é de tal escola, e aquilo é daquela escola. Que se foda isso. Eu costumava enfrentar os valentões f.d.p. no caminho todo para casa da escola primária até a faculdade, e eles costumavam me seguir, me gozando, me desafiando, mas sempre havia mais do que um, e eu era um, e eles sabiam que eu tinha algo empacotado em algum lugar no meu íntimo. Detestavam isso; ainda detestam.

Bergé submeteu sua poesia à Laugh Literary and Man the Humping Guns, *coeditada por Bukowski e Neeli Cherkovski em 1969-1971.*

[Para Carol Bergé]
25 de fevereiro de 1969

Ah, que merda, Carol, estes não são muito bons. Estou sentado aqui bêbado + está chovendo, chove faz dias, e estes não são muito bons.

"Edges" o que chega mais perto – certos versos ruins:
"Aperto de mão mole"
"Esquivadas fracas"
"Faca vingadora"
Que droga, Carol? Que droga você tá me dando?
E sem envelope de retorno?
"Edges" ainda o melhor destes.

Mas seu último verso terrível. Romantismo francês-literário do século 19. Que droga. Você sabe disso.

Vou lançar uma revista boa. E fazer isso às vezes significa ser cruel e ser cruel às vezes significa ter razão.

Thomas fez amizade com Bukowski depois de aceitar dois de seus poemas para Notas do subsolo *2, da qual foi editor convidado em 1966.*

[Para Harold Norse]
26 de fevereiro de 1969

[...] O honorável honorável John Thomas, o muito culto e muito lido, muito lido demais, me fala com grande solenidade depois: "você fica maçante quando está bêbado, Bukowski". ele sempre *precisa* me chamar de Bukowski, como se estivéssemos diante de uma plateia e fosse nec. que fôssemos identificados. J. T. tem uma cabeça lotada de palavras e ideias, muito bem organizadas, mas plácidas, uma arte plácida, forte e organizada, mas plácida, uma metralhadora imbecil montada num tripé reluzente e disparando suas preciosas balas. conforme Pound, Olson, Creeley, a mesma areia seca, contudo escutei o sujeito porque ele consegue ser engraçado de uma maneira depravada. em meu enésimo copo, quando lhe digo que a Vida é verdadeiramente horrível, as pessoas, a estrutura, o final com morte, a bagunça toda, ele retruca: "você nunca assinou nenhum *contrato*, Bukowski, dizendo que a Vida devia ser linda". e aí ele se recosta no assento e lambe os lábios um pouco, ele ganha a vida com sua língua e seus lábios e seu pau, uma mulher belíssima o sustenta enquanto ele relaxa por aí com sua barba grande e bunda grande e calças jeans. isso é de se admirar e, num sentido menor, desprezar. eu falei a ele que considero você o maior poeta vivo e aí ele só dá uma bufada (acho que ele realmente quer que eu lhe diga que ele é) e se levanta e lê para mim algum troço terrível de Creeley ou Olson, e eu só fico sentado e ouço e não comento nada, mas a escrita em si é tão plana e matemática e automática e tensa que o velho Barba Negra por fim apenas suspira, de sua parte, vai se sentar em sua cadeira e fica me encarando. é legal conhecer um Thomas e deixá-lo disparar todas as suas armas contra você. eu penso devagar e ouço a coisa dele e aí por fim digo: "só um momento". e aí *eu* digo algo. em réplica, não por defesa mas por simples cansaço. e ele fala: "ah, Ojenius Ormegus disse isso em 200 a.c. perante seus discípulos no acampamento dos arredores de Atena antes da Guerra Ciclópica". mas pelo menos Thomas tem algum ponto de partida. Os professores de Inglês simplesmente aparecem aqui e puxam o meu saco, e são todos iguais, altos, molengas, uns bostas desengonçados, tentando escrever alguma DUREZA SOBRE A VIDA. deus. 3 meses do ano reservados para escrever romances terríveis, para me tirarem da cama mostrando sua poesia – um troço de sujeito durão – e compartilhar um fardo de cerveja e ficar me encarando e tentar entender por que razão estou tão gordo e cansado e magro e desgastado e doente e raivoso e embotado e desinteressado. também temos os outros tipos, os tipos ricos e esnobes com uma casa no litoral da Calif. e outra na Louisiana e que dizem que "casas empobrecem o homem, esgotam seus recursos", e aí escrevem romances modernos extraídos das nossas cartas e não devolvem nossas cartas quando pedimos por elas porque elas permitem que fiquemos vivos. você só paga aluguel. você tem sorte. desde que você tenha o aluguel, o que é que esses babacas DIZEM a seus estudantes na AULA DE INGLÊS I ou II? deve ser de uma repugnância suprema... esses garotões com Ph.D. que nunca perderam uma refeição ou caíram bêbados no chão ou deixaram o gás ligado sem fama ou flama por 3 horas... o que é que eles dizem àqueles garotos??? o que PODEM lhes dizer? nada. assim, portanto, todo mundo parece ser BACANA BAKANA E INTELIGENTE e essa é a fachada e o fedor de peixe dos séculos desperdiçados. [...]

Nunca me canso de lhe repetir como você escreve bem e você precisa se acostumar com isso. eu detesto toda toda quase toda coisa escrita. O russo Dos tinha o dom. Turguêniev mais do que Tchékhov. embora ambos fossem cagados demais em estilismo. Hem tinha um estilo que se encaixava, mas só conseguiu verter sangue para dentro ao longo da primeira metade de sua obra. você é o único realista afiado e arrebatado do puro estilo-Norse. eu sei por que W.C. Williams mordeu você. você tirou a focinheira da boca que estava *nele*. ele fez 3 ou 4 bonzinhos. você é simplesmente consistentemente esplêndido e imortal. sempre que o leio, minha própria escrita melhora – você me ensina a correr por geleiras e descartar putas contagiosas. não estou me expressando bem, mas você sabe o que eu quero dizer. maldito seja você, Norse, acabei de queimar uma bandeja cheia de batatas fritas enquanto ESCREVO sobre você! e não comi nada o dia todo, neeli, eeyee, agora já são DOIS DIAS, e um bêbado qualquer está batendo numa lata de lixo lá fora e logo estaremos todos na cadeia, logo seremos todos... pequenas beterrabas fatiadas em conserva rotuladas numa lata... ah, deus, que merda, ah, deus, que armadilha... mas não assinei um CONTRATO, assinei? e o que é um "contrato" –

: linguagem deles

Picasso não publicou os poemas de Bukowski em sua revista literária.

[Para Paloma Picasso]
Final de 1969

obrigado pela carta pessoal. eu ia mandar material de qualquer maneira, mas não queria ficar lhe forçando porcaria. [Sinclair] Beiles havia me contado sobre o seu projeto, e considero os 3 poemas dele que publiquei em meu próprio jornaleco *Laugh Literary* como sendo os melhores em matéria de escrita, em forma, em humor, vida e fluxo que vi nos últimos anos. então você sabe sobre Sinclair, mas tenho meus próprios problemas. sou um dos poucos que acham que Burroughs não é uma espécie de deus ambulante. acho que seus espalhafatos e arranjos de fita são só uma cambalhota gueto-entediada de um homem tranquilo e seguro. a empresa da máquina de somar o somou com $$$. é tão fácil, mas não me deixe agir como uma víbora. estou longe disso. é só que eu digo o que digo e sempre disse. deixo minha mente perebenta correr solta. decidi muito tempo atrás em becos de Nova Orleans enquanto vivia de barrinhas de chocolate vagabundas que sempre deixaria minha mente correr solta. isso não significa ser um "biruta". ou talvez signifique. de qualquer maneira, enquanto fico aqui batendo às 2 da manhã sentado em meio a 2 abajures de mesa rasgados sobre uma mesa de máquina de escrever dada para mim por meus pais mortos como presente de aniversário e escrevendo numa máquina dada para mim por nadica, e ouvindo péssima música de piano em um rádio comprado em drogaria Thrifty por 19 dólares, eu falo, tendo largado do emprego de novo hoje à noite para vir aqui e tentar tirar os 3 ou 4 versos ruins nos poemas inclusos e tendo a essa altura bebido onze (garrafas de cerveja) haha – onde eu estava?

ah.

então escrevi estes novos poemas nas últimas 2 semanas, e é possível que um homem simplesmente não consiga escrever muitos poemas bons em 2 semanas. não acredito nisso. acredito que seja lá o que for necessário é necessário, depende de você. desafortunada ou afortunadamente, sinto meu poder mais e mais a cada dia que passa, a cada ano que passa, é claro, há calmarias menores nas quais eu penso sinceramente em me assassinar, e chego muito perto, em especial com ressaca. entretanto, isso é provavelmente comum com a maioria de nós. – ah, era BRAHMS! – droga, eu não sabia que ele escrevia uns troços de piano tão toscos... outras coisas sabe – lá por Ezra P., não consigo ler os *Cantos*; machucam minha cabeça, não descem bem. o que há de errado comigo? poderia ser simplesmente alguma merda insana de ego? contudo, parece haver um equilíbrio. por exemplo, lá no trabalho, na gaiola, sou um cara grande – 106 quilos, tranquilo, não discuto, chegando perto dos 50, sei que já me detonei na maior parte – eles não sabem que escrevo nas horas vagas – aquela turma realmente acaba comigo – eu apenas dou risada – eles não entendem – um cara até mesmo me acusou de ser chupador – eu apenas dou risada – sou obrigado a rir da raiva deles – é lindo e depravado e impetuoso – uma obra de Arte – gosto deles e no entanto eles me deixam enojado – principalmente por causa da mesma maldita tendência – eles não conseguem sair da tendência de pancadas de ódio e isso consome... consome.

bem, aprendi que cartas de apresentação em submissões quase sempre significam uma má submissão. bem. de qualquer maneira, esta viela bêbada. moro na última viela vagabunda de Hollywood. o pessoal fica bêbado aqui dia e noite. lésbicas tentando ser mulheres. mulheres tentando ser lésbicas. tudo isso. tem uma jovem de 28 anos batendo na minha porta e me escrevendo uma carta de 7 páginas todos os dias. ela costumava dançar com uma cobra de 2 metros e meio. ou seria uma jiboia? realmente não sou tão louco quanto pareço, e gosto de calma, bebedeira, corridas de cavalo e olhar pernas de mulheres revestidas por nylon apertado, chutando seus tornozelos delgados e olhando o que resta de sua alma e da minha alma com seus próprios olhos...

claro, merda, espero que você consiga encontrar um poema ou dois nestes; se não, retorne os que não puder usar, ou a carrada toda. a rejeição é boa para a alma. minha alma é agora uma mula.

1970

A introdução abaixo foi originalmente publicada em Dronken Mirakels & Andere Offers*, *traduzida por Belart para o holandês, mas nunca editada em inglês.*

[Para Gerard Belart]
11 de janeiro de 1970

[...] "Introdução"

Dando uma olhada nestes poemas – para dizer em palavras simples e talvez melodramáticas: eles foram escritos com meu sangue. Foram escritos por medo e bravata e loucura e não saber o que mais fazer. Foram escritos enquanto as muralhas aguentaram, resistindo ao inimigo. Foram escritos enquanto as muralhas caíam e eles as transpuseram e me inteiraram da sagrada atrocidade da minha respiração. Não há saída; não há nenhuma maneira de vencer minha guerra particular. Cada passo que dou é um passo pelo inferno. Acho que os dias são ruins e então a noite cai. A noite cai e as adoráveis damas dormem com outros homens – homens com rostos de ratos, com rostos de sapos. Fito o teto e escuto a chuva ou o som de nada e aguardo minha morte. Estes poemas saem disso. Algo assim. Não estarei de todo sozinho se uma pessoa os entender neste mundo. As páginas são suas.

---

* "Milagres bêbados & outros sacrifícios". (N.T.)

[Para Marvin Malone]
4 de abril de 1970

[...] minha esperança é que a *Wormwood Review* prossiga enquanto você prosseguir. tenho acompanhado as revistas desde por volta do fim dos anos 30, então não posso responder pela *Blast* ou pela primeira fase de *Poetry, A Magazine of Verse*. Mas eu colocaria a *Wormwood* no topo junto com a velha revista *Story*, *The Outsider*, *Accent*, *Decade*, uma força bastante definida na modelagem de uma literatura vívida e significativa. se isso parece chatice, que seja. você fez um trabalho arrasa-quarteirão.

deixe-me enrolar um cigarro. pronto. sim, entendo seu desejo de não ouvir falar das prima-d's, mas eu gostaria que você soubesse que não sou uma p.d. talvez você tenha ouvido falar alguma merda e embuste a meu respeito, mas o aconselho a ignorar as fofocas. eu *sou* um solitário, sempre fui, e só porque consegui publicar alguns madrigais isso não quer dizer que vou mudar meu jeito. nunca gostei do tipo literário, antes ou agora. bebo com minha senhoria e senhorio; bebo com ex-presidiários, loucos, fascistas, anarquistas, ladrões, mas os literários que fiquem longe de mim. jesus, como eles esperneiam e insistem e fofocam e choram e enchem o saco. há exceções. Richmond é uma. não tem nenhum papo furado com ele. posso beber 5 ou dez latas de cerveja com Steve e ele nunca levanta o triste papo furado literário, ou qualquer espécie de papo furado. você devia ouvi-lo rindo. mas existem outros tipos. vários outros tipos. filhinhos da mamãe. vendedor. propagandistas. fracotes. baba-ovos. bajuladores abjetos. [...]

sim, estou trambicando via máquina e pincel, que merda. e tem sido uma vida boa – e eu a levei escrevendo e pintando exatamente do jeito que me deu vontade. por quanto tempo mais vou conseguir me manter acima da superfície, isso eu não sei. você oferece $10 por 2 poemas, imensa benevolência. bem, já que estou trambicando, podemos cortar isso pela metade? que tal $5 por 2 poemas? fica razoável pra você? isso daria $20 pelos 8 poemas, quando publicados. a razão pela qual trambico não é só a criança – pois essa é uma história de soluçar, mesmo que eu de fato a ame –, mas é complicado datilografar aqui no beco imundo, sabe. então, Malone, se você conseguir fechar os 20 eu vou aceitar os 20, quando quer que seja, tudo bem?

[Para John Martin]
10 de maio de 1970

[...] não posso concordar com você quanto à ideia do dicionário para o romance [*Cartas na rua*], mas, se você insiste, vamos nessa, continuar escrevendo palavras. Acho, no entanto, que os termos são na maioria óbvios, mesmo para alguém de fora. mas me deixa contente o bastante que você provavelmente vai fazer o romance, então vou me comprometer se nec. Acho que o dicionário tem um efeito barateador e comercial, entretanto. Reflita por um tempo.

[Para John Martin]
[? julho] 1970

[...] Quanto a *Cartas na rua*, localizei o trecho do "inglês perfeito" que (com o qual?) me incomodei. Se quiser deixar ficar como está, tudo bem. Mas bati com o meu dedão nele logo de saída, e pode ter estado no manu original. Página 5:

3ª linha: "e não pagavam-me". Parece um pouco afetado. "e não me pagavam" parece menos afetado. de todo modo, tanto faz. cada vez que eu olho para o romance ele me passa uma impressão melhor. acho que consegui me sair bem com o que eu pretendia – isto é, não pregar, mas registrar. é, seria legal se conseguíssemos vender direitos para cinema e ambos ficássemos ricos, como dividimos 50/50? seu contrato. consigo ver você num grande escritório cheio de funcionários plenamente assalariados. e eu numa velha cabana nas colinas morando com 3 jovens garotas ao mesmo tempo. ah, o sonho!

[Para Carl Weissner]
11 de julho de 1970

[...] quanto a *Cartas na rua*, eu enfrento muitos procedimentos retardantes de John Martin, que é um ótimo sujeito, mas está fazendo coisas demais ao mesmo tempo. ele alega que escrevi *Cartas na rua* num momento em que eu estava um pouquinho fora de mim – o período de transição depois de sair dos onze anos de servidão. bem, é verdade que eu estava todo atrapalhado. ele diz que é um bom romance... talvez até um grande romance, exceto que meus tempos verbais estão todos atrapalhados e tenho particípios pendentes, tudo isso. ele afirma que precisa endireitar a gramática e aí encaminhar algumas transcrições. não concordo com isso. acho que o texto devia ser lido exatamente como escrito. John fez um monte de coisas boas por mim, mas tem muita coisa quadrada nele. ele não admite, mas todos os escritores que ele edita, com exceção de um, não são muito perigosos ou novos; são apostas bem seguras, mas Martin ganha dinheiro, então caralho... isso prova uma espécie de argumento, ele até queria que eu escrevesse um pequeno negócio tipo um dicionário na frente explicando alguns termos postais. não achei uma boa e tentei fazê-lo desistir, mas ele escreveu de volta e explicou que eu só estava me sentindo mal porque tinha perdido na corrida. o sujeito me trata praticamente como uma espécie de idiota. eu estava indo num programa de rádio certa noite e ele me ligou e tentou me dizer o que FALAR. "ouça, John", eu tive de lhe dizer, "quem de nós dois é Bukowski?", mas escritores precisam aguentar esse negócio de editor; é atemporal e eterno e errado.

John afirma que quer segurar *Cartas na rua* até que *The Days* [*Run Away Like Wild Horses Over the Hills*] se esgote. ele afirma que quando um livro novo sai o velho para de vender, então agora nós precisamos esperar. "eu lhe garanto", ele escreve, "que os alemães não aceitariam *Cartas na rua* em sua presente forma." que diabo é isso? ninguém corrigia a gramática nas *Notas* [*de um velho safado*]. assinei um contrato com John e ele tem preferência nos meus próximos 3 livros, então há isso. e acho que ele não quer soltar as transcrições até estar pronto para fazer o livro ele mesmo em inglês. claro, se eu ainda estiver por aqui e você e Meltzer ainda estiverem por aí eu envio para vocês e alguns outros aí uma transcrição e então poderemos ter esperança de aceitação por parte de alguém e alguma pechinchada? cristo. e eu vou ser obrigado a revisar a versão corrigida dele para me inserir um pouco de volta nela. ele afirma que o livro vai sair no Outono ou no Inverno ou algo assim, mas de certa forma eu sinto uma enrolação. os livros que ele publicou têm sido apostas bem seguras até aqui e em *Cartas na rua* tem um monte de fodeção e imprecação e talvez alguma loucura. acho que é melhor do que *Notas* e eu escrevi capítulos pequenos estilo metralhadora na esperança de dar verve e ritmo e fugir da atmosfera de romance que eu detesto.

Não me interprete mal, John é uma ótima pessoa, mas eu sinto aqui que ele está um pouco temeroso de publicar o livro. é bem mais cru do que literário e acho que de modo subconsciente ele teme que vá manchar sua rep. então aí está, temos tudo isso – uma coisa morta e estagnada, e me sinto trancado. [...]

A propósito, vendi 3 ou 4 capítulos do romance para revistas de sacanagem, uma delas saiu outro dia; já pago pelos outros. isso foi antes de enviar o original para Martin, o que é como mandar um filho para o maldito cemitério. de qualquer maneira, copiei as histórias direto do original e não recebi nenhuma queixa sobre particípios pendentes. eu realmente deveria enviar esta carta para Martin e não para você, mas ele apenas reagiria com o conselho paternal. Eu até disse para ele uma vez: "Jesus, você age como se fosse meu pai". Aí eu lhe disse: "Talvez eu devesse nomear você como coautor de *Cartas na rua*".

"Ah, não, não, você não entende. Não quero mudar o seu estilo nem nada. Quero que você apareça exatamente como você é. Mas eu lhe garanto que os alemães nunca..."

"Sim, pai."

"Ouça, eu estive lhe telefonando, Bukowski, mas você nunca está em casa. Você andou na farra ou apostando nos cavalos?"

"Ambas as coisas."

Então é isso, Carl, uma lambança um tanto gordurenta e pegajosa. Tenho certas cenas onde vasos de flores caem na bunda do cara durante a trepada, tiradas da minha vida. minha mulher. um lugar imundo numa colina com moscas e um cão idiota. parte do livro. minha mulher vomitando enquanto mastiga os cus de caracóis chineses, eu berrando: "Todo mundo tem cu! Até as árvores tem cus, só que você não consegue vê-los!". por aí vai e assim por diante.

um cara me ligou. "eu li aquele trecho na revista de sacanagem. é do seu romance?"

"é."

"Jesus, é uma beleza! Quando é que o romance vai sair?"

"Tem uns empecilhos técnicos."

"Diga pra ele deixar disso. Mal posso esperar."

"Receio", eu lhe digo, "que você terá de fazer isso." [*"dito" – ha ha ha!* acrescentado à mão] [...]

tá bom, acho que estou esperneando demais nesta noite. sou só um sujeito qualquer de Andernach. que, segundo alguém me contou, é uma porcaria de cidade quadrada. bem, a culpa é minha por Andernach também. Andernach é um particípio pendente, uma boceta seca, uma mosca na água gelada... Mas nasci lá, e quando alguém diz "Andernach" eu forço um sorriso e digo "é". que me enforquem por isso. e ponto final.

[Para Robert Head e Darlene Fife]
19 de agosto de 1970

Me parece que algumas integrantes da Lib. Feminina estão tentando impor uma censura à liberdade de expressão, uma censura que supera inclusive as ambições de certa cidade, condado, estado e grupos governamentais voltados à prática dos mesmos fins e métodos. Um homem pode escrever uma história sobre trepar ou inclusive mulheres escrotas sem ser um misógino. As irmãs precisam se dar conta de que limitações a certas formas de escrita vão acabar levando ao controle e à limitação de todas as formas de escrita exceto as escolhidas por certo órgão sancionado. Ao escritor deve ser permitido tocar tudo. Céline foi acusado de ser antissemita e quando perguntado sobre certa passagem – "Os passos pesados dos judeus...", declarou: "Eu simplesmente não gosto de *gente*. Nesse caso, calhou de ser um judeu". Certos grupos se mostram mais sensíveis do que outros quando são mencionados. Certas pessoas fazem objeção a ser usadas como modelos. Depois de seu primeiro romance, Thomas Wolfe não pôde voltar para casa. Até tempos depois. Até que tivesse sido justificado e sancionado pelos críticos. Até que tivesse ganhado dinheiro. Aí o pessoal dele ficou orgulhoso de estar em seus romances. A criação não se mantém firme sob restrições. Peçam às irmãs que não esquentem as calcinhas. todos precisamos uns dos outros.

[Para Harold Norse]
15 de setembro de 1970

não há nada para escrever. estou enforcado pelo saco. os contos voltam na mesma rapidez com que os escrevo. está tudo acabado. claro, consigo emplacar poemas. mas não dá para pagar o aluguel com poemas. estou na pior, só isso. não há nada para escrever. nenhuma esperança. nenhuma chance. finis. Neeli me escreve que vê *Notas de um velho safado* e Penguin 13 por todos os cantos. agora

Notas foi traduzido para o alemão, ganhou uma boa resenha em *Der Spiegel* – *Newsweek* da Alemanha – circulação um milhão, mas apesar de tudo isso meu material bem que poderia ter sido escrito por Jack, o Estripador. muito difícil de prosseguir. primeiro cheque em 2 meses hoje – reles $50. conto para uma revista de sacanagem sobre um cara num hospício que escala o muro, pega um ônibus, puxa o peito de uma mulher, entra em drogaria, apanha um maço de cigarros, acende, fala para todo mundo que ele é Deus, aí se aproxima, levanta o vestido de uma garotinha e belisca a bunda dela. acho que esse é o meu futuro. finis finis finis. Hal, estou na pior. não consigo escrever.

[Para Lafayette Young]
25 de outubro de 1970

[...] preciso beber e jogar para fugir desta máquina de escrever. não que eu não ame esta máquina velha quando ela está trabalhando bem. Mas saber quando ir até ela e saber quando ficar longe dela – esse é o truque. Eu realmente não quero ser um escritor *profissional*, quero escrever o que quero escrever. além disso, foi tudo desperdiçado. não quero soar sagrado a respeito; não é sagrado – é mais como o Marinheiro Popeye. Mas Popeye sabia o momento de se mexer. Assim como Hemingway, até que ele começou a falar de "disciplina"; Pound também falava sobre a pessoa fazer seu "trabalho". isso é lixo, mas tive mais sorte do que ambos porque trabalhei nas fábricas e matadouros e bancos de praça e sei que TRABALHO e DISCIPLINA são palavrões. eu sei o que significavam, mas, para mim, tem que ser um jogo diferente. é bem como uma boa mulher: se você comê-la 3 vezes por dia, 7 dias por semana, geralmente não vai ser muito bom. tudo precisa ser ajustado. claro, eu me lembro de uma, funcionou desse jeito com ela. claro, nós bebíamos vinho e passávamos fome e não tínhamos mais nada para fazer exceto se preocupar com a morte e o aluguel e o mundo de aço, então funcionou conosco. (Jane.) mas agora estou tão velho e feio e agora já é raro que as garotas apareçam, então é cavalos e cerveja. e esperar. esperar a morte. esperar na máquina de escrever. é fácil ser sabichão e brilhante quando você tem 20 anos. eu era porque sempre fui um tanto subnormal a meu modo. agora estou mais forte e mais fraco, mas agora, com a lâmina no meu pescoço, minha escolha OU não, está lá, muito. e não amei muito a vida; na maior parte tem sido um jogo bem sujo. nascido programado para morrer. não passamos de pinos de boliche, meu amigo. [...]

Guy Williams tentou arrancar fundos do dept. de Inglês para uma leitura. Auden recebendo $2.000. outros geralmente recebem de 3 a 500. pobre Williams. ele deve ter levado um caminhão de merda. o dept. de inglês não queria Bukowski. o.k., talvez estejam certos. tirei dois "d's" em Inglês no L.A. City College. de qualquer maneira, Williams conseguiu $100 dos recursos do dept. de Arte para me colocar numa leitura de poesia! espero que isso não emperre a vida dele. creio que já falei a você que as leituras são o mais puro dos infernos escaldantes para mim, mas me meti na trambicagem quando larguei aquelas malditas cartas nos correios e ninguém vai me pagar o aluguel só porque prefiro ficar o dia todo atirado, bebendo cerveja e ouvindo Shostakovich, Handel, Mahler e Stravinsky. então eu leio. minha última leitura, Cal State Long Beach, primeiro vomitei, depois li com pingos de suor pingando na mesa, que eu limpava com a ponta dos dedos. mas há outra parte de mim que vê além. Bem, se Auden vale 2 mil, talvez ele nos ensine alguma coisa. provavelmente como ser fodido.

O conto que Bukowski discute abaixo é "Christ with Barbecue Sauce", publicado num tabloide em 1970.

[Para William e Ruth Wantling]
30 de outubro de 1970

[...] eu lhes mandei o conto porque achei que vocês dois poderiam *enxergar*. que canibais podem ser humanos também, assim como aranhas são aranhas. quero dizer, você precisa do que precisa, está implantado ali. a moral é meramente o elo de ligação democrático ou fascista de mentes que enxergam o mesmo quadro, fórmula, código ou seja lá o que for. é tudo básico; não há o que discutir. bons sujeitos não chupam seus próprios paus. chupam?

a história foi tirada de um noticiário que eu não vi mas sobre o qual alguém me contou enquanto eu bebia com ele e sua esposa. ele é um prof agora e eu lhe falei que não valia a pena, que eles lhe cortariam os testículos, não logo de cara mas passado algum tempo. claro, a esposa dele gosta disso e eu gosto da esposa dele, o que deixa tudo confuso. vários profs eu não deixo nem mesmo entrarem pela porta; eu lhes falo que estou gripado e geralmente estou, pego a maldita cerveja deles, digo obrigado, me sento no escuro e fico na torcida por Mozart ou Bach ou Mahler, esp. Mahler, e bebo aquela droga. onde é que eu estava? ah, sim, o noticiário. tirei a história dali. segundo contavam, acho, recolheram umas pessoas no Texas e, enquanto as abordavam, uma delas estava justamente mordiscando os últimos restos de carne dos ossos dos dedos. bem, eu estava bebendo quando escutei isso, e achei muito engraçado. quero dizer, sim. vocês sabem, amores, trabalhei duas vezes em matadouro, e quando você vê carne sanguinolenta em medida suficiente você sabe que carne é só carne e que essa carne de alguma maneira ficou presa, nada mais. vejam bem, não estou implorando para ser apanhado e assado e comido. sou velho mas carrego um belo trabuco no bolso da esquerda, e, a menos que me peguem bêbado ou confiante (ver César), alguém vai ver uma amostra de seu próprio sangue. onde estávamos? de qualquer maneira, achei que era uma história muito engraçada. Canibais no Texas. acho que vários doutores, esp. cirurgiões, são canibais mas não têm culhão para mergulhar até o fim, então eles apenas fodem e retalham por aí. a história, a história. estou bebendo. moído. lla lllaa, la la, tudo que tentei fazer foi contar o que fez com que acontecesse daquele jeito e mostrar que, basicamente, não foi um CRIME mas uma FUNÇÃO causada por ALGO.

é um conto de humor porque admite todas as possibilidades humanas sem culpa; seu humor consistindo no fato de que só nos ensinam as concepções e possibilidades nobres de uma matemática lúgubre chamada Vida.

[Para John Martin]
[? novembro] 1970

Inclusa uma picaretagem de encomenda. Não alego fazer coisa diferente. Agora que tenho essas 4 colunas para o *Candid Press*, vejamos o que vão fazer. Não me importo de ganhar algum troco escrevendo porcaria. Sinto que estou velho demais para ser destruído – criativamente – está entranhado como a morte, não há como se livrar. Mas, basicamente, escrever é uma trambicagem muito árdua e sem dúvida gosto de ver um pouco de $$$ entrando. Bom para o espírito.

Não me entenda mal. Quando digo que basicamente escrever é uma trambicagem árdua, não quero dizer que é uma vida ruim, se você conseguir se safar. É o milagre dos milagres ganhar a vida com a máquina. E a sua ajuda tem sido uma incrível injeção de ânimo. Você nunca terá ideia do quanto. Mas escrever exige disciplina como tudo mais. As horas passam muito depressa, e, mesmo quando não estou escrevendo, fico de bobeira, e é por isso que não gosto de pessoas por perto me trazendo cerveja e puxando papo. Elas me embaralham a visão, me tiram do fluxo. Claro, não consigo ficar sentado na frente da máquina dia e noite, então o hipódromo é um bom lugar para deixar o combustível REFLUIR. Consigo entender por que Hemingway precisava de suas touradas – era um rápido passeio de ação para recompor sua visão. Com os cavalos, é a mesma coisa comigo. Tenho várias pessoas na arena dos touros e preciso desempenhar os movimentos. É por isso que me dói tanto quando perco. Em primeiro lugar, não posso bancar a grana; em segundo, percebo que fiz os movimentos errados. Os cavalos podem ser vencidos se o sujeito fizer disso uma arte, mas, ao mesmo tempo, os cavalos devoram nossos momentos de lazer, e é disso que um escritor precisa. Então eu tento arranjar tudo de acordo – os momentos de lazer quando é a hora certa e o combustível fluindo e a máquina tinindo. quando a máquina está parada, é voltar à arena dos touros. para testar minha precisão nos movimentos. creio que não estou sendo muito claro aqui. ah, bem.

[Para Curt Johnson]
3 de dezembro de 1970

A exclusão do crédito o.k.

Contente por ter acertado uma com vocês. Aquele cheque de $45 não voltou de qualquer maneira e me permitiu fazer alguns consertos no meu velho Comet 62 para fazê-lo andar de novo de modo que eu pudesse me deslocar até minhas leituras cagonas de poesia nas quais leio meio bêbado e trambico mais alguns trocados. Agora ouvindo Haydn. Só posso ser louco. Gostei de escrever a história, no entanto. Li no jornal que tinham apanhado uns canibais em algum lugar – Texas, eu acho – e quando os abordaram uma moça estava justamente limpando a carne dos dedos de uma mão, mordiscando... tirei disso.

[Para Gerard Belart]
4 de dezembro de 1970

[...] Alguém acabou de me dar um exemplar de *De castelo em castelo* outra noite, então não mande, mas obrigado. Estou lendo ele agora. Não chega aos pés de *Viagem*. Ele bota um bom azedume rolando no livro, mas fica *perto* demais de si mesmo. Falta o humor em meio ao horror de *Viagem*. a verdade sempre faz a gente rir, especialmente se for uma verdade dita de certo modo e com certo estilo. Mas acho que ele simplesmente teve o traseiro chutado um pouco demais; o homem finalmente se curva e se quebra e perde aquele pequeno toque... a grande Arte é pura arenga dentro de uma gaiola dourada. Aqui Céline não faz mais do que apenas ficar meio que atirando em nós umas maçãs podres e bolotas de ranho. Mesmo assim, por outro lado, se *Castelo* tivesse sido escrito por qualquer outra pessoa *que não* Céline, eu teria dito: "Opa, olhem, isso está longe de ser ruim!". Mas é como com Beiles – você só compara os melhores aos melhores. Não dá para evitar. Uma vez que um homem saltou 5 metros direto para cima no ar e aí volta e só salta 4 metros, simplesmente não é o bastante para nós.

[Para Norman Moser]
15 de dezembro de 1970

Bem, todos nós fazemos a nossa parte ou estamos mortos. Ou estamos vivos e mortos – "a vida morta desse homem / a vida daquele homem morrendo /" Spender, o Steven, quando ele ia bem... Ora, que inferno, perdi aquele negócio que você me mandou, me pediu para escrever algo sobre algo, então preciso costear sob a forma de uma carta pessoal. Faça com ela o que você quiser. Percorremos um longo caminho, ou não? – desde que larguei aqueles dez ou vinte em cima de você quando você tinha o saco de dormir e o seu maço de poemas, e eu disse que esse poema estava o.k. e que eu não dava grande coisa por aquele, e o cara escolheu um dos seus piores e disse: "Ora, isso é que é *poema...*". Não entendi aquilo nem um pouco, e acho que nós estávamos bebendo, e tudo se foi pelo ralo em função daquele poema, você e o cara trocando xingamentos, e aí ele o chutou para fora, e eu me lembro das suas lágrimas...

você embrulhando cadernos e meias sujas tudo com corda. Foi triste, caralho, foi triste. e nós descemos as escadas juntos e você disse: "Bukowski, não tenho nenhum lugar para ficar". E eu disse: "Ouça, rapaz, eu sou um solitário. Não consigo aguentar gente, gente boa ou gente ruim; preciso ficar sozinho... Cristo, arranje um quarto...". E lhe passei uma nota e saí correndo noite adentro. Bukowski, o grande entendedor, foi um covarde. Subornei você, foi isso. Só para ficar sozinho com meus próprios ossos. Você parecia mais confortável na última vez em que o vi, depois da minha leitura de poesia na U[niversity of] N[ew] M[exico], muito embora eu estivesse um pouco bêbado você parecia, notei, calmo e confortável o bastante, e você mencionou os velhos tempos, a nota que eu enfiara na sua mão, então foi um pouco estranho e engraçado ali, a tantos quilômetros e anos de onde acontecera primeiro, nós dois mais velhos, sobretudo eu, e nós dois ainda vivos. bem.

Pois voltando ao maço enviado a mim e certas questões perguntadas ou ponderadas ou seja o que for... claro, estes são tempos monumentais... nossos tempos foram todos monumentais porque a vida de cada homem é, 1970, 1370, 1170... Claro, resta pouca dúvida de que houve uma elevação de nível. Existe a possibilidade de que, pela primeira vez na história, não estejamos numa guerra de nação contra nação, mas de cor contra cor – Branco, Preto, Marrom, Amarelo. Há uma ferocidade nas ruas, um ódio. O problema com a raça Branca é que muitos deles odeiam uns aos outros; isso também vale para outras raças, mas não no nosso grau. Nos falta a coesão da Irmandade. A única coisa que temos é certa terrível esperteza e capacidade mental e a habilidade de lutar no momento certo, a habilidade de ganhar da oposição no artifício, no raciocínio e até mesmo na fibra. Não importa o quanto o homem Branco possa se odiar, ele é simplesmente *dotado*, mas isso pode estar acabando por essa ou aquela razão... *O declínio do Ocidente* de Spengler, escrito tantos anos atrás... os sinais estão aparecendo... Ou o Branquelo afinal trata de arranjar alguma ALMA ou então toda sua esperteza não vai passar de muita porra derramada...

Talvez não fosse disso que o seu maço falava, de qualquer maneira. Enfrentei noites bêbadas e dias depressivos demais desde que o recebi. E sempre perco tudo – trabalhos, mulheres, canetas esferográficas, lutas corporais, solicitações de subvenções da National Foundation of the Arts, e assim por diante... onde é que eu estava?

Ah sim, devo dizer, de qualquer maneira, que é perigoso para um poeta posar como profeta, um poeta/escritor posar como profeta. Aqui nos EUA, os escritores sérios escrevem na maioria por muitos anos antes de serem ouvidos ou reconhecidos, se é que chegam a ser algum dia. Infelizmente, vários idiotas são reconhecidos porque suas mentes se assemelham à mente do público. Geralmente um escritor de força está em algum ponto entre 20 anos e 200 anos à frente de sua geração, por conseguinte ele passa fome, se suicida, fica louco, e só será reconhecido caso porções de seu trabalho sejam de alguma forma encontradas mais tarde, muito mais tarde, numa caixa de sapatos ou embaixo do colchão de uma cama de prostíbulo, sabe.

Tá bom, então. Digamos que um grande escritor dos EUA finalmente chegue lá... ou seja, ele finalmente não precisa se preocupar em pagar o aluguel e até mesmo vai para a cama com uma mulherona bem razoavelmente bonita. A maioria deles suportou (o escritor, não a mulher) algo entre 5 e 25 anos de não reconhecimento – e, quando eles afinal *conseguem* seu quinhão de reconhecimento, não conseguem controlá-lo. Macaquear? Pode crer! Essa emissora de t.v.? o.k.? sobre o que é que tu quer que eu fale? sim, eu falo. tu quer saber o quê? História do mundo? O propósito do Homem? Ecologia? A Explosão Populacional? A Revolução? O que é que tu quer saber? Fotógrafo da revista *Life*? Claro, deixa ele entrar!

Eis um cara que ficou bebendo vinho barato num quarto pequeno por 15 anos, que precisava sair pelo corredor até o banheiro para dar uma cagada. Quando ele datilografava, as velhinhas batiam em seus tetos e pisos com cabos de vassoura, quase o matando de susto...

"Pare com isso, seu idiota!"

De repente, como num passe de mágica, ele se torna conhecido... Sua obra é banida, ou ele caminhou pela Broadway com o pinto de fora durante o Desfile do Papai Noel e descobriram que ele era um poeta... Qualquer coisa serve. O talento ajuda, mas nem sempre é necessário. Uma das grandes frases foi dita não por um filósofo mas por um jogador de beisebol que sempre teve dificuldade para manter sua média perto de .250... Leo Durocher: "Prefiro ser sortudo do que bom...". Isso era porque Durocher sabia que dez ou doze quiques de sorte passando das bases eram a diferença entre os menores e os maiores.

Então eis aí os bons e velhos E.U.A. Neste momento, provavelmente só há uma dúzia de escritores que conseguem escrever com verve e o grandioso fogo. Desses, digamos, dois foram reconhecidos (de alguma forma, sorte), 8 descerão ao túmulo sem que jamais sejam publicados em lugar algum. Os outros 2 serão encontrados e desenterrados mais tarde por algum acidente ou acaso.

Então o que acontece quando um dos doze grandes afinal surge por sorte na ribalta? Fácil. Eles o matam. Ele viveu naqueles quartos pequenos e passou fome por tanto tempo que acredita merecer tudo que lhe acontece – então se vende, tentando preencher as lacunas dos anos solitários...

> *"Caro sr. Evans:*
>
> *O senhor poderia nos escrever algo sobre a Questão Negros-Brancos ou Hippies ou Para Onde Estamos Indo na América Hoje? Algo nesse sentido. Tenha plena certeza de que qualquer coisa que o senhor escrever será aceita. Nós lhe pagaremos, quando da aceitação, algum valor entre $1.000 e $5.000 por artigo dependendo do tamanho. Sempre fomos admiradores do seu trabalho... A propósito, o senhor sabia que uma das nossas editoras associadas, Virginia McAnally, sentava ao seu lado em Inglês II na Universidade de...?"*

Assim, o homem que manteve seu estilo e sua energia e sua verdade rigorosamente no âmbito da forma-artística é de súbito visitado pela riqueza. Oferecem-lhe leituras em Universidades de $5.000 mais despesas a 2 mil mais despesas mais seja lá o que ele quiser foder se ainda estiver sóbrio o bastante para fazer depois da leitura ou depois da festa... É muitíssimo difícil, para um homem que foi odiado por sua senhoria num quarto de 8 dólares por semana, recusar a vida fácil. Se antes ele tinha sido um artista Puro falando do jeito certo em função da dor e da loucura e da verdade, agora todo mundo está disposto a escutar seu balbucio quando ele já não tem mais nada para dizer. Um nome. Um *nome*! Isso é tudo que eles querem. E uma barba, se possível. O Artista Americano, até onde sei, com exceção de Jeffers e Pound, sempre mordeu a isca. Nenhum nome vem à mente de imediato. Mas ficar citando nomes não prova nada. Acontece! Eles são enganados e caem na armadilha, e, por fim, embora não se deem conta disso, serão jogados fora. Porque era sua original energia e verdade o que seduzia o público subnormal de qualquer maneira...

Duvido que isso seja exatamente o que você queria, Norm. Estou preso no anzol da minha própria alma de bacalhau e não alego excepcionalidade, embora eu provavelmente a tenha, digamos, ao meu próprio modo meio escamoso. Quando eu for contratado para trabalhar como escritor permanente da *New Yorker*, aviso você. Até lá, bola pra frente, vamos nessa, e fico aqui sentado com várias cores diferentes de graxa de sapato... quem quer que irrompa aqui primeiro, vou com ele... esfrego um pouco... tenho todas as cores, todos os tons... ah, espere, tem uma faltando... ah, merda, *essa* eu já tenho...

Sorte com a sua edição guru. Acho que vai ser muito pontifical e maçante, no entanto... todos esses meses dizendo tudo e qualquer coisa. bem, você que pediu.

1971

[Para Lawrence Ferlinghetti]
8 de janeiro de 1971

enquanto você percorre o país com Corso e Ginsberg, fazendo leituras nas univercidades e comendo todas as aluninhas e enquanto *eu* permaneço aqui criando Arte, coisas acontecem... ah, me perdoe, eu não quis dar a entender que Ginsberg comesse quaisquer garotas. sei que ele está na viagem ecológica e... ouça, tive notícia de um cara que supostamente paga uns adiantamentos fab. para livros de contos... então lhe mandei algumas amostras e é para eu ter retorno em breve, mas meu palpite é que a resposta será "não". acredito que ele vai ficar assustado com o meu material, então vejamos. O.K.? eu realmente gostaria de ver alguém fazendo um livro dos meus novos contos, e acho que esse cara vai se acovardar... então vou bater aí na sua porta em breve com meu saco de histórias pegajosas gordurentas malignas filhas da puta... temos abundantes possibilidades de chegar a ALGO, jesus cristo, é o que parece...

[Para Steve Richmond]
Março de 1971

o.k. bom sobre *Cartas na rua*, que funcionou para você. tentei manter algum RITMO ali. a maioria dos romances me entedia, até os consagrados. nada de ritmo. gosto de rios que correm mais rápido. o.k.

é, *Metamorfose* é fascinante. não, acho que Kafka não se detém muito nas mulheres; é bom no que alcança, contudo. Jeffers, claro, viveu na corrente sanguínea, por isso era capaz de entrar no íntimo das mulheres e ver de dentro delas como elas veem – algo que até aqui fui incapaz de fazer, talvez nunca seja capaz de fazer. D.H. Lawrence nunca chegou lá, reputação que se dane. ele só tinha uma vaca-mãe bem grande e tudo lhe vinha dessa vaca mãe – eu até imagino que Lawrence fosse um homem mais de peito do que de perna – de qualquer maneira, ele tinha essa VACA e tudo era transferido pela vaca, todos os significados as sombras as mensagens, então ele não entendia direito. uma vaca: uma mensagem.

[Para Lawrence Ferlinghetti]
22 de abril de 1971

Obrigado pelo cartão. Estou na maior empolgação com o livro, AI! não consegui dormir ontem à noite então fiquei sentado correndo os olhos por *Open Cities*, a maioria deles no formato grande que foi lançado após *Notas* (o livro) ter saído... com esses, folheando, descobri conto após conto após conto. Uns troços bons, Larry. Antes que eu termine a pilha NÓS TEREMOS ENTRE 25 e 50 CONTOS A MAIS! O troço *mais louco* desde Boccaccio e Swift! Você simplesmente não FAZ IDEIA da coisa em que tropeçou, cara. Você vai ganhar crédito por ser o maior editor das eras. Primeiro o *Uivo*, agora isso. Você vai ver... [...]

Perdoe o meu entusiasmo. Mas isso vai ser uma bomba, isso vai ser o fim da lua. Pelo punheteiro Cristo, sim. Preciso ler em S.C. amanhã e foder um pouco no fim de semana, mas em algum momento na semana que vem todas essas outras histórias vão chegar no seu colo. alegre leitura. [...]

O.K., o livro é uma chama mais alta que o céu!

Nós vamos avançar e abandonar realidades estúpidas e realidades fastidiosas bang bang!

Todos os peixes vão voar, todos os pássaros vão nadar, o lago será sopa de cebola e o sangue nunca morrerá.

Bukowski enviou a Ferlinghetti as duas sinopses promocionais a seguir; Ferlinghetti usou a primeira na quarta capa de Ereções, ejaculações, exibicionismos e fabulário geral do delírio cotidiano, *ao passo que a segunda sinopse nunca foi publicada antes.* Bukowskiana, *o livro projetado de poemas e prosa, nunca se concretizou e acabou se tornando* Ereções.

[Para Lawrence Ferlinghetti]
30 de dezembro de 1971

Obrigado pela carta e o outro panfleto... Acho que *Bukowskiana* é pra valer. Ainda estou todo empolgado e alvoroçado com o livro. Realmente acredito que vai ser o meu melhor.

Sim, tudo bem quanto à foto na frente. Atrás... bem, não sei. A propósito, é "Rei dos poetas teimosos...". Se quiser usar isso, a decisão é sua. Escrevi na maior parte para o *Open City*... referindo-me ao panfleto. bem pouca coisa, se é que alguma, para o *L.A. Free Press*... não sei de quaisquer citações de famosos que pudéssemos usar... estou cansado daquela com Sartre e Genet me chamando de o melhor poeta da América. Não sei como foi que começou essa aí. Duvido de sua veracidade, acho que foi algo que Jon Webb inflou de uma maneira desproporcional e outros levaram adiante. Não sei.

Se você quiser algo para a parte de trás do livro, posso lhe dar um relatório tosco:

> Charles Bukowski, nascido 16-8-20, Andernach, Alemanha. Trazido à América aos 2 anos de idade. 18 ou 20 livros de prosa e poesia. Bukowski, depois de publicar prosa na *Story* e *Portfolio*, parou de escrever por dez anos. Chegou à ala de caridade do L.A. County General Hospital com hemorragia, no clímax de sua bebedeira de dez anos. Alguns dizem que ele não morreu. Depois de sair do hospital, arranjou uma máquina datilográfica e começou a escrever de novo – dessa vez, poesia.
>
> Ele depois retornou à prosa e ganhou certa fama com sua coluna "Notas de um velho safado", que escrevia principalmente para o jornal *Open City*. Depois de 14 anos nos Correios, pediu demissão aos 50 anos de idade, segundo afirma, para evitar que ficasse louco. Agora se define como não empregável e come fitas de máquina datilográfica. Uma vez casado, uma vez divorciado, muitas vezes amancebado, tem uma filha com 7 anos de idade... Estes contos safados e imorais apareceram sobretudo nos jornais alternativos, com *Nola Express* liderando em sua publicação. Outros apareceram em *The Evergreen Review*, *Knight*, *Adam*, *Pix* e *Adam Reader*. Com Bukowski, os votos ainda estão chegando. Parece não haver meio-termo – as pessoas parecem ou amá-lo ou odiá-lo. Relatos de sua própria vida e suas atividades são tão desvairados e bizarros como as histórias que ele escreve. Em certo sentido, Bukowski é uma lenda em seu tempo... um louco, um recluso, um amante... carinhoso, malévolo... nunca o mesmo... estas são histórias excepcionais que saltam estrondosamente de sua vida violenta e depravada... horríveis e divinas... você não consegue lê-las e continuar sendo a mesma pessoa de antes.

Bem, Lawrence... algo desse gênero... não sei... O que você acha?

[Segunda sinopse]

"Um dicionário de loucura e pesar"

Ereções, ejaculações, exibicionismos e fabulário geral do delírio cotidiano

De Charles Bukowski

Desde o *Uivo* de Ginsberg, nenhum livro deflagrou tanto entusiasmo quanto este recém-lançado volume colossal com contos de Bukowski – 478 páginas. Bukowski é o Dostoiévski dos anos 70. Bukowski não apenas escreve histórias – sua alma maníaca e amorosa está incorporada por inteiro nelas. A escrita é crua porém pura risada por meio da dor. Muitos dos contos são histórias de amor, mas histórias de amor nada comuns. A escrita não vem do intelecto, vem de sangue, alma e agonia. Bukowski também escreve sobre tragédias com humor – as cidades manchadas de sangue, as paredes solitárias, os amores que não deram certo são muitas vezes abordados por meio de uma graça cômica que é quase santa. Pode até mesmo haver ódio e/ou indecência em algumas das narrativas, mas Bukowski é um apostador – ele nunca faz força para agradar, seja em pessoa, seja em seu trabalho. Charles Bukowski é tido por muitos de nossos críticos como um dos melhores poetas do nosso tempo. Este livro de contos é também um acontecimento em nosso tempo – atos de horror e gênio por um homem de 51 anos de idade que permaneceu discretamente escondido dos literatos por anos e que continua sendo um isolacionista e um enigma... Se você quiser frequentar este curioso circo, esta missa negra com amor aferrolhando um vão de porta tomado por latas de cerveja.

1972

Na edição de 4 de agosto de 1971 do Nola Express, *Alta, poeta e fundadora da editora feminista Shameless Hussy Press, admitiu ter ficado "chocada & magoada" com as "fantasias de estupro" de Bukowski – publicadas por Fife no* Nola Express.

[Para Darlene Fife]
13 de agosto de 1972

Sua Alta se mostra confusa. Existem homens que estupram e homens que pensam em estupro. Escrever a respeito disso não significa que o autor tolere o estupro, mesmo quando a escrita se dá em primeira pessoa. O direito de criação é o direito de mencionar o que de fato existe. Conheço inclusive certas mulheres – pessoalmente – cujo maior desejo é o de que sejam estupradas. Criação é criação. Por exemplo, a mera circunstância de um homem ser negro não significa que ele não possa ser um filho da puta, e a mera circunstância de uma mulher ser mulher não significa que ela não possa ser uma puta. Não censuremos nosso direito à realidade por causa de uma postura boazinha. Além disso, a julgar pelas citações que Alta faz da minha coluna, percebo que ela é tão furiosamente virtuosa (quase similar à maníaca religiosa) que entende errado a coisa toda – estou tirando sarro da atitude masculina em relação às mulheres. Sinto muito que Alta tenha sofrido no leito conjugal (como ela mencionou). Mas me permita lembrar à querida jovem que os *homens* também sofrem no leito conjugal. Às vezes são *eles* os que fazem o serviço. Sério. Eu poderia dizer que Alta é um porco chauv. feminino. Os homens também estão à procura de mulheres que sejam capazes de aceitar o amor. O preconceito atua em todas as direções. Mas é quase inútil retrucar um ataque como o de Alta. Isso apenas a incitaria a tomar uma direção errada mais boazinha. Mas às vezes, mesmo assim, essas figuras precisam ser respondidas. As pessoas costumavam dizer, sabe, como pode uma pessoa que ama animais de estimação, crianças e cachorros ser uma má pessoa? Agora é: como pode uma pessoa que é contra guerra, água suja, ar sujo, como pode uma pessoa que está lutando pelos direitos das mulheres ser uma má pessoa? Ou costumava ser: ele tem cabelo comprido e barba, tudo certo com ele. Ora, que merda, veja bem, pode ser tudo uma postura... Eu me reservo o direito de criar de qualquer modo ditado pela realidade ou pelo humor ou até mesmo – pelo capricho. Tudo certo.

[Para William Packard]
13 de outubro de 1972

esse negócio de escrever poesia, precisamos levar numa boa. fico feliz por poder trabalhar num pouco de prosa e bebida e mulher – lutando para quebrar o ferrão. eu me meto nessas entrevistas de ofício às vezes e sinto como se as pessoas estivessem polindo mogno. creio que isso acontece com quem estuda demais e vive de menos. Hemingway viveu com força, mas ficou preso em seu ofício também, e depois de um tempo seu ofício se tornou uma jaula e o matou. creio que é tudo uma questão de apalpar o nosso caminho. é como os espelhos nos quais costumávamos nos perder naqueles lugares no cais quando éramos garotos. é bem fácil perder tudo, se perder. e tampouco estou falando de uma posição elevada. tomemos uma cerveja pra dar sorte e esperemos que as mulheres ainda amem nossas almas enrugadas e coxas murchas, ó, que poético. merda.

mais poemas inclusos. estou tentando construir um arsenal e vou explodir o mundo com meus poemas. é.

[Para David Evanier]
Final de 1972

[...] nunca gostei muito de escrita, criação, quero dizer, o que os outros rapazes fizeram. me parecia um tanto tênue e pretensioso, ainda parece. continuei escrevendo não por sentir que eu era tão bom, mas por sentir que eles eram tão ruins, incluindo Shakespeare, todos aqueles. o formalismo empolado, que nem mastigar papelão. eu não me sentia muito bem quando tinha 16, 17, 18, entrava nas bibliotecas e não havia nada para ler. vasculhava todas as salas, todos os livros. então saía de novo pelas ruas e via o primeiro rosto, os prédios, os automóveis, qualquer coisa que estivesse sendo dita não tinha nada a ver com o que eu via diante dos meus olhos, era mímica, era farsa. Não havia ajuda. Hegel, Kant... um otário chamado André Gide... nomes, nomes, e forçações. Keats, que monte de merda. nada ajudava. comecei a ver algo em Sherwood Anderson. Ele quase chegou lá, era desajeitado e estúpido, *mas* ele deixava você preencher as lacunas. imperdoável. Faulkner era impostor como imitação de couro. Hemingway chegou perto no início, depois começou a tocar e dedilhar uma máquina enorme que ficava peidando na nossa cara.

Céline escreveu um livro imortal que me fez rir por dias e noites (*Viagem*), aí se meteu em azedumes triviais de dona de casa. Saroyan. ele, como Hem, sabia da importância da raiz e da palavra clara, da frase fácil e natural, mas Saroyan, conhecendo a frase, garoto, ele mentia: ele dizia: LINDO, LINDO, e não era LINDO. eu queria ouvir o que era, todos os medos covardes, as inquietações, as loucuras; a postura grandiosa que se foda. eu não conseguia encontrar isso. eu bebia e trepava, enlouquecia nos bares, quebrava janelas, apanhava pra valer, sobrevivia. não sabia o quê. ainda estou trabalhando. não peguei o jeito ainda. provavelmente nunca vou pegar o jeito. até mesmo amo a minha ignorância. amo minha barriga ignorante amarela, manchada de manteiga. lambo minha maldita alma com minha língua datilográfica. não quero inteiramente arte. quero entretenimento primeiro. quero esquecer. quero um zumbido, certa gritaria entre os candelabros tontos de vinho. eu quero. isto é, se pudermos *inserir* arte depois de ficarmos interessados, ótimo. mas paremos com essa coisa sagrada, tra la, tra la.

[Para Steve Richmond]
24 de dezembro de 1972

[...] você tem a sua razão em me criticar e grande parte está provavelmente correta, mas uma coisa você vai aprender, finalmente, eu sinto que a criação não é fotografia ou sequer necessariamente verdade padrão. a criação traz em si sua própria verdade ou mentira e somente os anos poderão nomear o que é. o que as pessoas não entendem é que, embora algo *pareça* ser sobre elas, não é necessariamente sobre elas, pode ser sobre uma parcela delas

– daquele momento – e sobre uma parcela de todos os homens moldada em algo que precisa ser dito. já li alguns poemas que *pareciam* ser sobre mim, sendo chamados de Bostowski e outras coisas, mas eu não conseguia deixar de rir porque sabia que não era o quadro todo.

acho que às vezes podemos ficar sagrados demais e portanto engaiolados.

acredito que você vai encontrar a sua editora um dia, e talvez quanto mais tarde isso acontecer tanto melhor será para você. enquanto isso, por favor não sinta como se estivesse sendo atraiçoado. qualquer coisa que eu tiver para dizer a você ou sobre você ou sobre qualquer outra pessoa nunca será dissimulada, será sempre aberta.

você tem a sua razão para se sentir na pior às vezes. não o culpo. mas não veio fácil para mim, ainda não veio. como eu digo, façamos nosso TRABALHO. você tem talento e honestidade demais, prefiro não ser seu inimigo, não me faça ser um.

1973

Bukowski rebaixou Robert Creeley num poema intitulado "on Creeley", publicado numa pequena revista em 1971.

[Para Michael Andre]
6 de março de 1973

[...] já não odeio Creeley. ele trabalhou duro em certo tipo de forma de escrita que eu não entendo. mas ele colocou sua energia e sua vida nisso. vai tomar inúmeras porradas. provavelmente já tomou tantas que isso ficou entranhado, a ponto de ele ficar valentão. um homem precisa revidar, caso contrário os vermes pegajosos vão tomar conta. não era minha intenção ser um verme-pegajoso contra Creeley. fui rasteiro. simplesmente caí na provocação sem fazer um verdadeiro estudo dele. é só a porrada padrão (automática) contra figurão ou figurões ou ribalta. é rasteiro e eu devia ter pensado melhor. mas eu aprendo devagar, M. Se eu morrer aos 80, provavelmente terei 14 anos de idade. você entende algo do que eu estou tentando dizer? o.k. então.

[Para Robert Head e Darlene Fife]
23 de maio de 1973

Aqui vai outra submissão. Ouçam, entendo o que vocês querem dizer, mas *Notas de um ser humano* é simplesmente afetado demais. *Notas de um velho safado* alivia a pressão e me permite dizer mais. Provavelmente, na história, mais mal foi causado por caras pensando que eram seres humanos do que qualquer outro troço. Quero dizer, fiquemos longe do sagrado e talvez, com um pouco de sorte, possamos virar sagrados. Empenho e dedicação não parecem resolver.

Além disso, o bem e o mal, o certo e o errado estão sempre mudando; é um clima mais do que uma lei (moral). Prefiro ficar com os climas. Acho que isso é o que muitos revolucionários não conseguem enxergar no meu trabalho: sou mais revolucionário do que eles. É só que eles foram ensinados demais. O primeiro procedimento do aprendizado ou da criação é anular o ensino. Para fazer isso, é bem mais fácil ser um velho safado do que um ser humano, certo? beleza, como estão vocês hoje?

[Para Darlene Fife]
[? junho] 1973

Sim, o problema de trabalhar para o governo ou de aceitar uma subvenção do governo... o problema de permanecer vivo, de alguma forma, por um tempo. já escutei os argumentos.

Não sou um verdadeiro revolucionário. Apenas vou escrevendo as palavras. Mas a ideia de substituir um governo por outro governo mal me parece ser um grande ganho. precisamos começar com o indivíduo. precisamos substituir o indivíduo que temos agora por outro tipo, ou, se não pudermos fazer isso, precisamos remendá-lo um pouco, de qualquer maneira. e não tenho as respostas para isso. mais palavras, provavelmente. palavras, palavras, palavras, palavras. a construção do fluxo.

numa área, todos nós fracassamos feio. o relacionamento homem-mulher. já vi mais má-fé e carência e inconsistência nessa área do que em qualquer uma por aí. as pessoas não são grandes o bastante para se importarem de verdade, e, se o macho e a fêmea não conseguem se encontrar, então como é que vão poder encontrar um governo?

ah, bem, os pássaros ainda estão cantando...

Henderson, fundador da Pushcart Press e editor associado da Doubleday na época, não chegou a publicar a poesia de Bukowski.

[Para William Henderson]
2 de julho de 1973

Claro, é bom que você possa estar interessado numa coletânea dos meus poemas. Entretanto, tenho um desses contratos em andamento com a Black Sparrow Press, et. al., "seus próximos 3 livros...". E John Martin engata livro após livro e tem sido muito justo e esplêndido comigo. Na verdade, a maioria dos meus poemas recentes foi recolhida e está para sair no Outono sob o título *Queimando na água, afogando-se na chama*.

Ser publicado pela Doubleday, entretanto, seria uma honra e tanto, e John disse que nunca iria me atrapalhar se algo bom surgisse no meu caminho. Acredito nele. Ele é um ótimo sujeito.

O que eu poderia sugerir é uma edição de poemas selecionados. Quero dizer, nós poderíamos chamá-la de *Poemas selecionados* mas eu ainda poderia lhe dar um título? E entendo que, se eu lhe mandar um manuscrito, isso será só uma submissão, e rejeitá-lo é seu direito sagrado.

Conheci um ou dois escritores que não entendiam bem os funcionamentos dessa natureza e se sentiram excluídos e enrabados porque não funcionava. Não sou assim. Você pode ter liberdade comigo.

Nunca tive um *Poemas selecionados* e gostaria de lhe submeter o melhor dos meus poemas. Poderia ser um estouro total. Por outro lado, também poderia ser um maldito bocejo gigante. Você é o editor.

Entretanto, Martin está de férias, não vai voltar até dez de julho, e tal. Terei de lhe pedir minha liberdade quando ele voltar. Você leu meu romance *Cartas na rua*? ah, não tem interesse por ele? ah, bem, eu entendo.

Estou morando na casa de uma jovem dama e às vezes há problema por aqui – ela diz que é amor e eu digo que amor é problema; de qualquer maneira, deixo meu atual endereço abaixo e também outro no qual posso ser contatado se, por algum motivo, o amor me fizer vaguear e desaparecer. Muito bom ter notícia sua. sim, sim.

[Para Rochelle Owens]
8 de setembro de 1973

vi o seu poema sobre mim e coisas na [*Unmuzzled*] *Ox*, e tudo bem, sim, ando cansado de poesia faz anos, faz séculos, mas continuei escrevendo-a porque os outros a estavam fazendo tão mal – madeixas de alfazema contra o contorno da lua – (merda teatral desse gênero), e ainda nem mesmo penso muito em escrevê-la, mas eles ainda a escrevem tão mal, então eu vou triturando, as palavras deveriam rasgar a página um pouco, fazer sons, ser simplesmente claras e audazes e cômicas e suicidas.

ó, isso é sagrado demais, mas você sabe o que eu quero dizer.

agora eu fico um tanto atirado o dia todo, só fico atirado e o mundo tritura lá fora e eu participei tanto dessa trituração mas há certas paredes aqui agora e espero que a sorte persista de modo que eu não precise ser triturado mais um pouco. acho que mereci minhas condecorações. acho que mereci minhas pernas e meus olhos e minha fita de máquina datilográfica. deixa eu ficar um pouco com eles.

vou sair agora para comer um hambúrguer e fumar 3 ou 4 cigarros. alguém está batendo com um martelo na escadaria. há imbecis em todos os lugares. repare nisso na próxima vez que você sair lá fora.

você escreve um belo de um saltitante poema.

sim, sim.

Diversos leitores do Nola Express, *inclusive o poeta Clayton Eshleman, pediram aos editores Fife e Head que parassem de publicar os contos de Bukowski no* Nola Express.

[Para Darlene Fife]
8 de novembro de 1973

[...] Existem alguns que pensam que a revolução deveria se dar apenas nas ruas, não nas Artes. Entenda que qualquer novo movimento à frente nas Artes sempre (com exceções) foi recebido com escárnio e hostilidade e ódio. A exploração da sexualidade ou de qualquer área da maneabilidade humana escrita como poema, conto ou romance não significa necessariamente que eu tolere a ação dos personagens envolvidos. Ou, por outro lado, pode significar que tolero a ação dos personagens envolvidos. Não tenho a menor ideia no momento da escrita. Sou um sentidor, não um pensador. Muitas vezes erro, escrevo muita merda, e a natureza de grande parte do meu trabalho é uma aposta. Mas tudo isso me permite uma frouxidão para chutar livre, e longe. Não alego qualquer santidade especial, e já falei demais. Mas, se os leitores do *Nola* querem que eu saia, então eu saio. Mas não irei ao psiquiatra lhe falar dos meus pesadelos, irei às corridas de trote na próxima quarta à noite, beber uma cerveja verde barata e fazer uma aposta vencedora no cavalo seis, ah, lalala lala lalala lalalala la.

1975

Um conto de Bukowski ilustrado por Robert Crumb foi publicado em 1975 na Arcade, the Comics Revue, *coeditada por Griffith.*

[Para Bill Griffith]
9 de junho de 1975

Sinto muito por ter demorado tanto tempo para responder, mas enfrentei rompimento com uma mulher e as minhas tripas estão balançando do lado de fora, aquela coisa toda. Estou tentando colar de volta os meus cacos para me preparar da próxima guerra. assim, no meio-tempo, a escrita estancou junto com tudo mais, e eu simplesmente não tenho material sobrando. Meu problema é que não recebo rejeição nenhuma. Merda, é terrível. Martin tem um armário de arquivamento lotado de textos meus, no entanto, e ele poderia tirar algo. Ele parece ter chusmas de material – como romances iniciados e não finalizados, notas do hospício e da cadeia dos bêbados, assim por diante.

Crumb, nós sabemos, É OS KUADRINHOS. o jeito como ele desenha suas pessoas, o jeito como elas atravessam a página, isso contém todo um sumo e ardor maravilhoso. Estive com ele certa vez na casa de Liza Williams, quando eu morava com ela, e ele me pareceu ser uma das pessoas menos afetadas que já conheci. Seria um barato mágico dos mais honrados, para mim, que Crumb ilustrasse alguns dos meus personagens ferrados. sem dúvida espero que algo dê certo. e lamento meu atual estado de nojeira e tripas balançando. Contudo, já sobrevivi a outras mulheres que tentaram me pregar na cruz e provavelmente vou descer dessa também.

1978

[Para John Martin]
29 de agosto de 1978

Acabei de ler suas cartas para *Wormwood* [*Review*] e *N*[*ew*] *Y*[*ork*] *Q*[*uarterly*] e para mim. Acho que você se meteu numa polvorosa exagerada por nada. E também tenho a sensação de que às vezes, quando escreve para mim, você me considera meio que um idiota.

Esclareçamos alguns pontos enquanto vamos passando por eles na sua carta. "Os livros que publicamos aqui são realmente a parte importante da cena toda, já que é disso que a sua verdadeira renda está vindo."

Ponto: minha renda vinda de você é de $500 por mês, o que corresponde a $6.500 por ano. Com isso eu pago pensão alimentícia de criança, que não é dedutível do imposto de renda. Na condição de menino de ouro da sua editora, estou provavelmente registrado na linha de pobreza, tendo direito a bônus alimentar, e faz anos que estou. Claro, você sabe que em tempos passados eu sobrevivi com menos, bem menos. Nunca reclamei disso porque sou louco a ponto de só querer me sentar diante de uma máquina datilográfica e escrever. Mas o que eu contesto mesmo é você me dizer o quanto a Sparrow e Buk estão indo bem. A prosperidade não é tão grande assim e nunca foi, para *mim*. Estou falando aqui apenas de economia.

"Se eu não publicasse seus livros aqui primeiro, aí não existiriam traduções alemãs e francesas." Isso me traz à mente uma afirmação feita pelo meu pai quando contestei a entrada na Segunda Guerra Mundial. "Mas, meu filho, se não tivesse sido por uma guerra, eu não teria conhecido a sua mãe e você não teria nascido." Esse, ao que me parece, não foi um argumento muito bom a favor da guerra. Sua afirmação, John, não é necessariamente verdadeira. Parte da minha obra foi traduzida e apareceu em publicações estrangeiras que nunca foram publicadas pela Black Sparrow. E quem sabe? Alguém poderia ter sugerido uma tradução de livro? Essa é a importância de aparecer em revistas. Acho que a *principal* razão pela qual minha obra foi traduzida é que, até aqui, minha escrita tem sido forte o suficiente e interessante o suficiente para justificá-lo.

Marvin Malone vem publicando faz anos edições especiais e páginas centrais de escritores como atração regular de sua revista. Fez isso por mim diversas vezes no passado e isso nunca incomodou você antes.

E a referência a uma "coleira" no pescoço de Malone... meu deus, por favor. Você pede que eu não me sinta livre demais quanto a distribuir "grandes fatias de trabalho, conforme Malone". John, todos os escritores submetem seu trabalho a periódicos enquanto vão escrevendo, poetas em especial, romancistas às vezes e escritores de contos e artigos sempre. Não há nada de criminoso ou tolo nesse processo. Mando grandes áreas de trabalho para *Wormwood* e a *NYQ* porque são os dois melhores periódicos de poesia existentes. Escrevo 5, 6, 7, não, eu diria dez vezes a quantidade de poesia que o poeta médio escreve. Se eu dividisse todos os poemas em pequenos lotes de 4 ou 5 e os enviasse para toda e qualquer revistinha de merda na América, eu não teria tempo para escrever, eu ficaria colando envelopes dia e noite. Acho que você está ficando possessivo e precavido além da conta. Não existem tantas assombrações assim na floresta – você tem milhares de poemas dos quais pode escolher e eles ainda estão saltando desta máquina que nem doidos.

Aí, na sua carta para Malone, você pede dez dos livretos para vender aos seus clientes. Não acho que ele vá reagir muito bem a isso. É como se você estivesse à procura de toda e qualquer vantagem. Digamos, como nos 75 (na verdade 150) desenhos que faço para cada livro. Isso me toma um mês, período no qual não consigo fazer mais *nada* criativo. Você vende 75 desses livros (assinados) por $2.625, valor que, descontado do meu salário de $6.500, lhe deixa somente $3.875 para me pagar. Eis um chicano ilegal trabalhando para você. E uma vez você me falou pelo telefone: "Pense só, por cada desenho que faz você ganha $35". Foi quando me ocorreu pela primeira vez: esse sujeito realmente me considera um idiota.

"Deixe-me lançar os livros."

Você está fazendo isso, John. Mas com muita frequência você parece uma mocinha ciumenta.

Eu me lembro do planejado livro das cartas Bukowski-Richmond. Você enlouqueceu nesse aí. E Richmond enlouqueceu mais ainda.

quanto a "o segredo todo é sermos grandes o bastante de modo que a obra circule e seja lida por um número decente de pessoas, mas permanecendo pequenos o bastante de modo que a Receita Federal não apareça e exija contabilidade de cada centavo desde 1971".

John, se eles aparecerem, não tenho nada com que me preocupar. Eu me lembro de certa vez, quando o seu escritório ainda ficava em L.A., ter aparecido para assinar algumas coisas, e você disse enquanto eu entrava: "Aí vem o grande homem, aí vem o grande escritor". Ok. Eu levei alguma cerveja para o seu despachante. Aí nós começamos a conversar fiado e o seu despachante ficou meio atrevidinho com você, e você se virou para mim e disse: "Olha só esse despachante de $90 por semana tentando dar uma de espertinho pra cima de mim". Isso me pareceu ser uma beleza, porque você estava me pagando entre $250 e $300 por semana, não lembro qual. E ele não era nem mesmo um despachante famoso.

Continuei com você. Tive ofertas de editoras de Nova York. Tive ofertas de concorrentes. Continuei com você. Pessoas me disseram que eu era burro, várias pessoas. Isso não me incomodou. Tomo minhas próprias decisões por meus próprios motivos. Você estava comigo quando ninguém mais estava, você me ajudou a ganhar dinheiro com os arquivos. Você me comprou uma boa máquina de escrever. Ninguém estava batendo na minha porta. Tenho lealdade. Acho que isso vem do meu sangue alemão. Mas eu lhe peço que deixe a minha mente limpa para minha escrita; tudo que quero fazer é datilografar e beber meu vinho e fazer algumas coisinhas. Cartas como esta são um desperdício de energia. Apenas me deixe escrever e mandar meu troço pelo correio como qualquer outro escritor. Não seja um pai tão coruja. Dei sorte com alguns bons poemas neste ano, um bocado deles. Fico feliz que ainda estejam chegando e fervilhando por todos os cantos. *Mulheres* é a minha melhor obra. Vai provocar bastante ódio, muita reação, bem como qualquer obra de arte original e excelente sempre provocou. Ótimo. E deveremos nos sair melhor na Europa com essa obra do que com qualquer outra. Mas quero prosseguir, quero escrever e seguir firme fazendo meu número. Eu só gostaria que você não me tratasse sempre como um completo idiota. *Eu sei o que está rolando.* É por isso que sou capaz de registrá-lo no papel.

Você é exatamente como todas as outras pessoas que conheço na minha vida pessoal. As pessoas têm uma tendência de ficar me guiando, de ficar me puxando pelo nariz. De vez em quando, preciso lhes dar uma mordidinha na mão. Meu velho gato preto, Butch, faz isso de vez em quando. Entendo meu gato cada vez mais. Esperemos que você me entenda. Falta um tempão para os 80, se eu chegar lá, então deixemos a estrada limpa, sem sacanagens no caminho. Quero comparecer ao seu enterro e ser capaz de derramar uma lágrima e um pequeno buquê de flores. Ok?

1979

[Para Carl Weissner]
15 de janeiro de 1979

Espero que você não tenha começado a traduzir *Mulheres* ainda. John Martin e eu estamos em cima dele – eu alego que John inseriu demais a escrita *dele* no romance. Algumas páginas inclusas para ilustrar. Mandei xerocar o texto original e logo vou poder enviá-lo para você. John alega que eu mandei mais de 100 páginas de alterações ao original. Quando recebê-las dele, eu as encaminho para você. Eu realmente sinto que ele mudou meu palavreado demais, às vezes frase sim, frase não. Isso é um desrespeito comigo. Não me importo com pequenas alterações gramaticais e uma endireitada em pretérito e presente, mas, quando frases demais são atacadas, isso perturba o fluxo natural da minha escrita. Minha escrita é denteada e áspera, quero que *permaneça* assim, não quero que seja *alisada*. Além disso, grandes trechos do romance foram eliminados. Quando receber o manuscrito inteiro, você terá condições de escolher o que deseja deixar ou tirar. Desse jeito a sua escolha fica estreitada; quer dizer, do jeito como se lê o romance agora.

John alega inocência e vai vir aqui e nós vamos repassar a coisa toda. Ele me disse que às vezes o datilógrafo fica cansado e acaba introduzindo algo. O datilógrafo deve ter ficado cansado do início ao fim com o romance.

De qualquer maneira, os anexos são alterações *menores* que não estavam no original que tenho em mãos. Espero que você não tenha começado a traduzir. Perguntei para John: "Você teria feito isso com William Faulkner?". E ele certamente não teria feito isso com um professor universitário e *não* com Creeley, nem mesmo com uma vírgula. Deve ser a minha origem de classe trabalhadora, mendigolândia, que o faz pensar que eu não sei direito o que estou fazendo. Mas *instintivamente* eu sei, e ele deveria se dar conta disso. Você consegue imaginá-lo retocando um Van Gogh? Bem, que merda...

Linda Lee e eu mandamos saudações amorosas a você e Mikey e Waltraut.

p.s. – o que será que os francesinhos e italianos vão pensar? Parece que preciso lhes mandar cópias do texto original mais as 100 páginas de alterações. É um bom romance agora mas sinto que teria sido um romance fantástico e bárbaro sem a má escrita inserida e as outras partes deixadas de fora. Em vez dos séculos ganhando algo fantástico, eles estão ganhando apenas esta versão ordenhada e pisoteada...

[Para John Fante]
31 de janeiro de 1979

Obrigado pela boa carta. É uma sensação muito esquisita, muito estranha, receber uma carta sua. Já se passaram algumas décadas desde que li *Pergunte ao pó* pela primeira vez. Martin me mandou um xerox do romance e eu estou mergulhando nele de novo e a leitura é ótima como sempre. Junto com *Crime e castigo* de Dos e *Viagem* de Céline, é o meu romance favorito. Me desculpe por não ter respondido antes, mas no momento estou metido em inúmeras coisas: roteiro, corrigindo roteiro de outra pessoa, um conto e também bebendo e apostando nos cavalos e brigando com minha namorada, e visitando minha filha, e depois me sentindo mal e depois me sentindo bem, e o resto todo. Aí perdi a sua carta e eu estava tão orgulhoso dela e ontem à noite a encontrei, eu estava usando a parte de trás do envelope para fazer sugestões de correções no roteiro de um sujeito (e adaptação do meu primeiro romance, *Cartas na rua*). Então aqui está chovendo e estou lhe escrevendo depressa porque quero correr até o banco para descontar um cheque de modo que eu possa ir ao hipódromo amanhã.

A sua escrita ajudou minha vida, me deu verdadeira esperança de que um homem poderia simplesmente fixar as palavras e deixar que as emoções tomassem conta. Ninguém fez isso tão bem quanto você. Vou ler o livro devagar, desfrutar dele mais uma vez e ficar na esperança de que eu consiga escrever um prefácio razoável. [H.L.] Mencken tinha um olho bom, entre outras coisas, e acho que já está na hora de um talento como o seu vir à tona de novo, a Black Sparrow muito embora não seja Nova York tem certo prestígio e bangue-bangue e tais livros têm mais chance de durar e serem lidos por outras pessoas além do público em geral que meramente devora seja lá o que for que Nova York lhes dê para comer.

Ótimo ter notícia sua, Fante, você é o número um sem sombra de dúvida. Perdoe a minha datilografia. Depois de terminar o livro e fazer o prefácio eu vou enviá-lo a você para o seu o.k., esperançosamente. Tudo de bom para sua esposa e filho. O céu está molhado hoje e amanhã a pista vai estar lamacenta mas estarei pensando em você e na sorte que terei em ser capaz de dizer às pessoas por que *Pergunte ao pó* é tão bom. Obrigado, sim, sim, sim...

[Para Carl Weissner]
6 de fevereiro de 1979

[...] quanto a *Mulheres*, as 100 páginas de correções estão perdidas em algum lugar. Uma parte evidentemente acabou entrando... por exemplo no fim eu dei ao gato pelo preto e olhos amarelos... De qualquer maneira, é uma bagunça total e acho que John Martin meio que simplesmente pirou. Creio que foi uma coisa bem vergonhosa de se fazer – forçar a "escrita" dele, eu quero dizer. Acho que todos nós piramos de vez em quando. De qualquer maneira, na segunda impressão o texto vai estar melhor. Acho que, quando as pessoas compararem as 2 edições, elas nunca vão saber a história verdadeira. Elas vão tender mais a pensar que eu fiquei desmiolado de senilidade e que outra pessoa foi lá e fez as alterações por mim. É bem difícil de assimilar porque não me importo de ser criticado por minha própria escrita, mas ser atacado por algo de outra pessoa não é tão bom assim. De qualquer maneira, vou precisar ficar mais atento em cima de John nas minhas obras futuras. Duvido que ele vá me ferrar de novo. Às vezes eu fico um tanto enojado com alguns dos atos e métodos de John. Eu gostaria que você fosse o meu maldito editor, mas graças aos deuses pelo menos tenho você como tradutor, agente e amigo. (ah sim, e John efetivamente disse: "Às vezes o datilógrafo fica entediado e acaba introduzindo algo". Será que Faulkner e J. Joyce eram incomodados com isso?) [...]

Estou trabalhando no roteiro de filme [*Barfly*] com Barbet [Schroeder], umas 30 páginas; mas estou surpreso – ele quer um *enredo* e um desenvolvimento de personagem. que merda, meus personagens raras vezes se desenvolvem, eles são ferrados demais. não conseguem nem mesmo datilografar. eu gosto de deixar rolar solto, e às vezes não há nada para explicar a respeito deles, eles são apenas arestas irregulares de alguma coisa. Não me importo com uma ou outra dica de como filmes deveriam ser, mas quando alguém começa a manipular os fios das minhas marionetes, elas quase sempre se esquecem de dançar, se esquecem de como fazer qualquer coisa. ah bem, ah bem.

[Para John Fante]
2 de dezembro de 1979

Foi bom ouvir o fim do seu romance pelo telefone; era o nosso Fante mais uma vez, altíssimo grau, o único grau de sempre. Meu espírito se animou absurdamente quando eu soube que você ainda estava na ativa. Você foi a minha principal energia no começo de tudo e está me energizando mais uma vez depois de todos esses anos.

Andei passando por um período impotente, e não tive muitos desses períodos. Não estou querendo dizer que a minha escrita tenha sido sempre excepcional, o que quero dizer é que ela ficava sempre fluindo. Nos últimos tempos, parou. Bem, alguns poemas outra noite, mas não parecia ser a mesma coisa. Eu me vi vociferando com Linda e outra noite até mesmo chutei o gato. Não gosto de agir como uma pequena prima-d., mas, pelo que parece, se o troço não sai eu fico envenenado, me esqueço de como rir, me vejo parando de ouvir minha música sinfônica no rádio e quando me olho no espelho enxergo ali um homem muito malévolo, olhos minúsculos, rosto amarelo – estou exaurido, inútil, um nada podre. Quero dizer, quando a escrita se vai, o que há, o que resta? Rotina. Movimentos de rotina. Pensamentos autômatos. Não consigo encarar essa dança rançosa.

Ter notícia sua, ouvir Joyce me lendo o fim do seu romance, ouvir a encantadora melodia Fante de coragem e paixão me impulsionou para fora do meu amortecimento. O vinho está aberto e o rádio está ligado e eu vou enfiar algumas folhas nesta máquina e tudo vai voltar, por sua causa. Vai voltar por causa de Céline e Dos e Hamsun mas principalmente por sua causa. Não sei onde você o arranjou, mas os deuses certamente rechearam você com o dom. Você significou, de fato significa mais para mim do que qualquer homem vivo ou morto. Eu precisava lhe dizer isso. Agora estou começando a sorrir um pouco. Obrigado, Arturo [Bandini].

1980

[Para John Martin]
[? junho] 1980

[...] Henry Miller. Não senti muito quando ele se foi porque já estava esperando isso. O que eu gostava é que quando estava nessa ele partiu pra pintura e o que eu vi de suas coisas é muito bom, caloroso, cor quente. Não há muitas vidas como a dele. Em sua escrita ele mandou ver, daquele jeito, quando nenhuma outra pessoa estava indo lá, fazendo aquilo. Ele rachou a noz dura e preta. Sempre tive problema para lê-lo porque ele se desencaminhava em sua contemplação de Jornada-nas-Estrelas e papo furado de porra-esperma mas isso tornava melhores as partes boas quando você afinal chegava nelas, mas, francamente, na maior parte das vezes eu costumava desistir. Lawrence era diferente, ele era sólido de cima até embaixo mas Miller era mais moderno, menos artístico, até se meter em sua conversa furada de Jornada-nas-Estrelas. Acho que um problema provocado por Miller (e não é culpa dele) é que quando ele trambicou e forçou seu troço (inicial) ele fez os outros pensarem que é assim que se faz, então agora nós temos esses batalhões de semiescritores batendo nas portas e trambicando e proclamando sua genialidade porque estão "não descobertos" e que a própria circunstância da não descoberta lhes dá certeza de sua genialidade porque "o mundo ainda não está pronto para eles".

Para a maioria deles, o mundo nunca estará pronto; eles não sabem escrever, simplesmente não são tocados pela graça da palavra ou do modo. Não os que conheci ou li. Espero que existam outros. Precisamos deles. É uma terra bem improdutiva por aí. Mas até como aqueles que aparecem com seus violões, constatei que os menos talentosos berram mais alto, são os mais abusivos e os mais autoconfiantes. Eles dormiram nos meus sofás e vomitaram nos meus tapetes e beberam as minhas bebidas e me falaram, continuamente, de sua grandeza. Não sou um editor de canções ou poemas ou romances e/ou contos. O campo de batalha tem um endereço; implorar a amigos ou namoradas ou outros é masturbação contra o céu. Sim, estou bebendo muito vinho nesta noite e acho que estou entontecido com os visitantes. Escritores, por favor me salvem dos escritores; a conversa das putas da Alvarado Street era bem mais interessante, e mais original. [...]

Henry Miller. Uma alma boa dos diabos. Ele gostava de Céline como eu gosto de Céline. Como eu disse para Neeli Cheery, "o segredo está na linha". E eu quis dizer uma linha de cada vez. Linhas contendo fábricas, e um sapato virado de lado perto de uma lata de cerveja num quarto de hotel. Está tudo aqui, lampeja para lá e para cá. Não vão nos derrotar, nem mesmo as sepulturas. A piada é nossa; nós vamos passando em alto estilo; não há nada que possam fazer conosco.

[Para Mike Gold]
4 de novembro de 1980

Sei de outro editor que ia lançar um número da "rejeição", publicando o material rejeitado e as reflexões dos escritores a respeito. Não lhe mandei nada, dizendo-lhe que eu achava que os meus troços rejeitados deveriam ter sido rejeitados.

O número nunca saiu. Suponho que, quando o ed espalhou diante de si o material rejeitado e as queixas dos escritores, ele se viu à frente de uma pequena casa de horrores consanguíneos.

Claro, há bastante material ruim publicado em revistas de grande circulação e pequenas, e em livros. Editores ruins continuarão a editar e escritores ruins continuarão a escrever. Muitas publicações são feitas por meio de política, amigos e burrice natural. A pouca escrita boa que acaba saindo é em grande medida acidental, ou uma raridade matemática: quando um bom escritor se depara com um bom editor.

Incentivar escritores ruins a continuar escrevendo apesar da rejeição não faz diferença: eles vão persistir de qualquer maneira. As revistas pequenas publicam cerca de 15% de material que é escrita razoável; as revistas grandes, talvez 20.

Coisas tristes acontecem no território da revista pequena. Eu conheci um escritor que estava escrevendo um troço razoavelmente vivo para as pequenas. Foi publicado aqui e ali, ali e aqui. Teve 2 ou 3 livretos publicados por pequenas editoras independentes, digamos que tiragens de 200. Esse escritor tinha um emprego terrível e voltava para casa todas as noites, suas tripas pisoteadas e balançando, e ficava escrevendo. Um livreto ou 2 mais, muitas aparições nas pequenas – toda vez que você abria uma revista, lá estava o nome dele. Ele decidiu que era um escritor, veio para o oeste com esposa e crianças, esposa arranjou emprego e ele se sentava diante da máquina e a golpeava. Sua estante era cheia de revistas pequenas e livretos e ele fazia leituras de poesia para plateias de 9 ou 11 nas quais passavam o chapéu. Sua poesia se suavizou aos poucos, mas a estante estava atrás dele. Claro que aquilo não pagava a conta da luz, mas, visto que ele era um gênio, havia a esposa para fazer isso, pegar aquela conta e todas as outras e o aluguel e assim por diante. Espero que ele esteja trabalhando de novo. Talvez seja hora de sua esposa se sentar diante da máquina de escrever. Esse é um caso, mas acredito que poderia ser multiplicado por 50 ou 1.000.

É confuso quanto ao que é real ou o que não é real. Eu me lembro de quando eu tinha vinte e poucos anos, vivendo com uma barrinha de chocolate por dia de modo que eu pudesse ter tempo para escrever, eu estava escrevendo 5 ou 6 contos por semana e todos voltavam. Mas quando lia a *New Yorker*, *Harper's*, a *Atlantic*, eu não conseguia captar nada ali senão literatura do século 19, cuidadosa e artificial, elaborada tediosamente, palmo a palmo de aborrecimento rastejando pelas páginas, escritores de nome, farsantes, me bocejando rumo à imbecilidade. Eu tinha certa ideia de ser um escritor bastante bom, mas não havia jeito de saber, eu não sabia soletrar e a minha gramática era uma bosta (ainda são) mas sentia que estava fazendo algo melhor do que eles: eu estava passando fome de uma maneira excelente.

Porque não ser aceito não significa necessariamente que você seja um gênio. Talvez você apenas escreva mal. Sei de alguns que publicam seus próprios livros e apontam os 2 ou 3 exemplos de grandes escritores do passado que também fizeram isso. Ai. Eles também apontam os caras que não foram reconhecidos em vida (Van Gogh e cia.), e isso significa, claro, que... Ai.

As rejeições das grandes revistas são geralmente impressas e portanto sem alma. Mas eu recebi algumas coisas de editores das revistas pequenas que se achavam deuses. De um eu me lembro: "Mas que porra é essa merda?". Nenhuma assinatura, só o enorme rabisco de tinta atravessando a página. Bem mais do que uma vez, coisas dessa natureza. Como é que eu vou saber se não é de algum garoto de 17 anos com acne, vidrado em Yeats, usando o mimeógrafo descartado do pai em sua garagem? Eu sei: lendo a revista. Quem quer? Quando você está escrevendo 30 poemas por mês, não há tempo para ler. Se houver tempo, e algum dinheiro, você bebe.

Escritores de muito sucesso são como presidentes: ganham o voto porque a multidão enlouquecida reconhece neles algo de si.

É confuso, Mike, não sei o que lhe dizer. Estou me preparando para sair e jogar nos quarto de milha.

1981

[Para Carl Weissner]
23 de fevereiro de 1981

[...] Eu deveria tratar de voltar ao conto depois de terminar *Misto-quente*. *Misto* tem sido mais difícil e mais devagar do que os outros romances porque, se eu não precisei ser cuidadoso nos outros romances, aqui eu preciso ser cuidadoso. Esse troço da infância, do crescimento é para quase todos nós algo doloroso de fazer, de repassar, e há uma tendência de cair no exagero. Li pouquíssima literatura sobre essa etapa da vida que não me deixasse um pouco enojado por causa de sua afetação. Estou tentando acertar a medida na balança, tipo quem sabe o horror da desesperança possa criar certa ligeira risada de fundo, mesmo que venha da garganta do diabo. [...]

Lendo as cartas de Hemingway. Troço medonho. Pelo menos nas primeiras cartas. Ele é um político e tanto. Fazendo joguinho, indo ao encontro dos poderes constituídos. Bem, talvez fosse uma boa? Não havia tantos escritores naquela época. Ou revistas. Ou livros. Ou coisas. Agora existem centenas e milhares de escritores e milhares de revistas literárias e muitas editoras e muitos críticos, mas sobretudo centenas de milhares de escritores. Digamos que você chame um encanador hoje em dia. Ele vai aparecer com sua chave de tubos numa mão, seu desentupidor na outra e um pequeno livreto com seus madrigais selecionados num dos bolsos do cu. Veja até mesmo um canguru no zoológico, ele vai encarar você e aí puxar da bolsa um feixe de poeminhas datilografados, espaçamento simples em papel à prova d'água tamanho carta.

A peça discutida a seguir, chamada Bukowski, nós te amamos, *estreou em Roma em 1981. Galiano produziu* Storie di ordinaria follia [Crônica de um amor louco], *dirigido por Marco Ferreri em 1981.*

[Para John Martin]
24 de fevereiro de 1981

Você provavelmente recebeu algo de Silvia Bizio sobre querer os direitos de cerca de metade dos livros de Bukowski pela Black Sparrow no seu arsenal para colocar numa maldita peça. Eles não oferecem nada de $$$ e alegam ser uma pequena empreitada sem fins lucrativos mas na verdade vão rodar essa coisa por dois anos em várias cidades diferentes. Espero que você não tenha dado o seu o.k. mas se deu... bem, eles não são claros quanto ao resto do roubo, que são vários contos dos livros da City Lights.

Bizio fica me amolando constantemente para ceder esses direitos. Dei uma entrevista para ela e também a deixei fazer um negócio em vídeo comigo declamando sobre vários nadas. Mas pessoalmente fiquei com aversão dela como pessoa e de suas maneiras. Ela está servindo de fachada para esses trapaceiros, é evidente, e eu lhe falei que não quero ter nenhuma ligação com a cena toda.

"Mas eles estão preparando isso faz dois anos!"

"Eles amam o senhor!"

"Eles querem pagar a sua passagem para que venha visitá-los e ver a peça."

Eu lhe falei: "Uma ova! Por que não tentaram obter permissão antes de começar?".

Não gosto dos italianos, eles são larápios, todo aquele jeito deles de fazer as coisas me repugna. Como é que eles podem simplesmente roubar minha obra e colocá-la no palco sem pedir? [Sergio] Galiano está tentando fazer um *filme* com alguns dos mesmos contos. Se *ele* paga, qual é o esquema deles?

E aí tem outro problema, Galiano. Devendo pagar $44.000, ele mandou $4.000 e alega que o outro dinheiro foi transferido mais de um mês atrás. Nada além de uma mentira. E ele está lá na *Geórgia* filmando com Ben Gazzara. Os italianos... Hitler não confiava neles e consigo entender o motivo, eles escorregam e mentem e enganam.

Tenho certeza de que a mesma coisa já aconteceu com outros escritores. Um escritor é encarado apenas como um cara que coloca palavras no papel. É uma vítima fácil. Ele só está pensando na frase seguinte e não quer ser incomodado por exterioridades que não condizem com seu pequeno estado de espírito. O que é verdade, mas ele também não gosta de ser estuprado.

Os filhos da mãe também sabem quais são os custos de um processo judicial e que podem fugir e se esconder em algum povoado italiano, mostrando-nos o dedo médio.

Ah bem, John, alguns poemas inclusos.

1982

[Para John Martin]
3 de janeiro de 1982

Bem, já deixamos para trás a impostura de merda deles, e, enquanto retomam sua maçante normalidade, podemos ir em frente.

Escrever nunca foi trabalho para mim, e, mesmo quando sai mal, gosto da ação, do som da máquina de escrever, de um caminho para seguir. E mesmo quando escrevo mal e o texto volta, olho para ele e não me importo muito: tenho uma chance de melhorar. Tem a questão de ficar com ele, de fazer ajustes, a coisa parece que vai se remendando; os enganos e a boa sorte até que o texto tenha um tom e uma leitura e uma sensação melhor. Não que isso seja importante ou não importante. É só bater bater bater. Claro, no ato da escrita é bom quando aparece algo que é interessante de dizer, e essas coisas não chegam todos os dias. Às vezes você precisa esperar alguns dias. E você precisa saber que os grandões que fizeram isso ao longo dos séculos na verdade não fizeram isso tão bem assim, mesmo que você os tenha copiado, que não pudesse ter começado em início algum sem eles, mesmo assim você não deve nada. Então, bater bater bater...

Bem, espero que eu e você nos aguentemos juntos por mais algum tempo. Tem sido uma viagem mágica e você cuidou da sua vida e eu cuidei da minha e houve bem pouco problema entre nós. Acho que somos ambos da escola dos velhos tempos na qual as coisas são feitas de certa maneira e nós continuamos fazendo-as dessa maneira; o que significa que mesclamos o melhor da modernidade com o melhor do passado – os anos 30 e 40 e quem sabe até mesmo uma espiada dos 20. Acho que a principal coisa que falta aos novos é o grandioso estilo eterno, um método de abordagem, um método de combater a dor e o sucesso. Nós somos ótimos, John. Continuemos assim. Décimo primeiro round chegando, e acho que o filho da puta na outra banqueta está ficando cansado.

Dangling in the Tournefortia *foi resenhado por Peter Schjeldahl para o* The New York Times Book Review *em janeiro de 1982.*

[Para Carl Weissner]
13 de fevereiro de 1982

[...] Meu crítico no *N.Y. Times* é provavelmente um sujeito bastante bacana, manja sua linguagem, versado, por aí vai. Não creio que já tenha deixado de fazer uma refeição, no entanto, ou quebrado uma perna ou sido mijado por uma puta, ou que já tenha dormido num banco de praça, e assim por diante. Não que essas coisas sejam necessárias, elas acontecem, mas quando de fato acontecem você tende a pensar um pouco diferente. Eu, de minha parte, gosto de *Dangling*. Acho que estou desenvolvendo um senso cada vez melhor da PALAVRA depois de todos esses anos sem perder muito da loucura. *Misto-quente* é o meu preferido. Martin afirma que é a melhor coisa que já escrevi. "Tem todas as fibras e tripas dos mestres russos do século 19." Bem, isso seria legal. Eu realmente gostava daqueles rapazes. Eles conseguiam vadear o sofrimento lúgubre meio que sorrindo com os cantos da boca.

[Para Jack Stevenson]
Março de 1982

[...] A maioria deles começa do mesmo jeito. Os Poetas, eu quero dizer. Eles começam razoavelmente bem. Estão isolados e se jogam nas palavras porque estão mais ou menos fora de si de tão assustados, são inocentes, sabe? Há certo bafejo neles no início. Então começam a transição. Fazem mais e mais leituras, conhecem outros da mesma laia. Conversam entre si. Começam a crer que têm cérebro. Dão declarações sobre governo, alma, homossexualidade, jardinagem orgânica... assim por diante... Sabem fazer tudo a não ser encanamento, e deveriam saber isso, porque enchem os canos de merda. É realmente desanimador vê-los evoluindo? Viagens à Índia, exercícios de respiração – eles aprimoram seus pulmões de modo que possam continuar falando aos quatro ventos. Logo viram *professores*, ficam parados diante de outras pessoas lhes dizendo *como se faz*. Não apenas como *escrever* mas como fazer *tudo*. São sugados por todas as armadilhas disponíveis. Essas almas outrora razoavelmente originais com grande frequência se tornam a exata coisa ou coisas que combatiam no ponto de partida. E você deveria vê-los lendo: eles ADORAM, a plateia, as aluninhas, os menininhos, todo aquele convento de idiotas que comparece às leituras de poesia – filas de sorvete de pessoas com cus de geleia e miolos de macarrão chinês (moles). Como adoram ler, esses poetas. Como adoram adejar suas vozes no ar. "Agora", eles dizem, "vou apenas ler mais 3 poemas!" Tipo, quer dizer, que diabo, quem se importa? E claro, os 3 poemas são compridinhos. E não estou generalizando: qualquer um é exatamente igual ao outro nesse sentido. Existem pequenas diferenças:

alguns são pretos, alguns são bichas. Alguns são pretos e bichas. Mas são todos maçantes. E eu sou nazista. Claro. Não me deixe esquecer.

Minha ideia de escritor é alguém que escreve. Que se senta diante de uma máquina datilográfica e vai encadeando as palavras. Essa me parece ser a essência. Não ensinar aos outros como se faz, não ficar sentado em seminários, não ler para a multidão enlouquecida. Por que razão existem tais extrovertidos? Se quisesse ter sido um ator eu teria tentado a sorte com as câmeras de Hollywood. Da meia centena de escritores que conheci dessa ou daquela forma, só dois me pareceram ser num mínimo grau humanos. Um eu encontrei 3 ou 4 vezes – ele é cego com ambas as pernas amputadas, 72 anos de idade, continua escrevendo, e bem, ditando para sua maravilhosa esposa deitado em seu leito de morte. O outro é um sujeito louco e natural que datilografa seu troço em Mannheim, Alemanha.

Fora essas, a última pessoa com quem quero beber ou que quero escutar é um escritor. Encontrei mais vida-das-tripas em velhos jornaleiros, em zeladores, no garoto do carrinho que vara a noite vendendo tacos. Me parece que escrever atrai os piores, não os melhores, me parece que as editoras do mundo ficam apenas publicando eternamente a polpa de almas insuficientes que críticos insuficientes chamam de literatura, poesia, prosa. É inútil, exceto talvez por aquela única faísca brilhante, de vez em quando, que raras vezes dura, sabe como.

Enquanto passo à segunda garrafa de vinho e repasso meus olhos por esta carta percebo que se ela chegar a ser vista certa referência será feita de que Bukowski mencionou Pretos e Homossexuais como se pudesse sentir certa aversão por eles. Portanto, permita-me mencionar: mulheres, mexicanos, lésbicas, judeus.

Permita-me declarar que minha aversão é pela Humanidade e, em especial, pelo escritor criativo. esta não é apenas a era da perdição do Hidrogênio, é também a era do Medo, Imenso Medo.

Não gosto do Branquelo tampouco. E eu sou Branquelo.

Do que é que eu gosto? Gosto de passar a esta segunda garrafa de vinho. Preciso limpar o dia. Perdi dez dólares na pista hoje. Que coisa inútil. Meio como bater punheta numa pilha de panquecas gotejantes.

Eu sempre admirei bastante os chineses. Deve ser porque eles estão na maioria bem longe.

O conto "The Hog" permanece inédito.

[Para Carl Weissner]
29 de maio de 1982

Com *Misto-quente*, foi complicado sentar para começar, escrever a primeira palavra. Depois disso, ficou mais fácil. Acho que eu tinha o distanciamento para levar em frente. Pensei a respeito por mais ou menos um mês antes de iniciar. Afinal de contas, quem vai querer ler um troço de infância? O tema provoca o pior tipo de escrita.

Eu esperava inserir o senso do ridículo e algum humor.

Meus pais eram estranhos. E como. Não está no livro, mas certa vez quando voltei da vagabundagem pesando 63 quilos eles me cobraram quarto, comida e roupa lavada. Talvez eu coloque isso em *Factótum*. Não me lembro.

Estou voltando a brincar com o poema agora. Mas a *Hustler* me pediu recentemente um conto, então me sentei e lhes datilografei uma cantiga chamada "The Hog". Gostei da rejeição deles: "... o assunto é simplesmente forte demais para que possamos lidar com ele. Especificamente, é a bestialidade e também seu violento resultado o que, segundo sentimos, não podemos aceitar".

Aí eu disparei o texto para a *Playboy* alemã. Provavelmente vai fazê-los cagar um *wiener schnitzel* cru, mas estou esperando a devolução.

1983

[Para Loss Glazier]
16 de fevereiro de 1983

Não sei exatamente como funciona. Quero dizer o seguinte: não estou escrevendo muito melhor agora do que eu estava décadas atrás, quando eu morria de fome naqueles quartos pequenos e naqueles bancos de praça e naqueles albergues noturnos, e enquanto eu era quase assassinado naquelas fábricas e nos correios. A durabilidade tem algo a ver com isso: vivi mais do que vários dos editores que me rejeitaram, e do que algumas das mulheres também. Se há qualquer diferença na minha escrita agora, acho mais divertido quando escrevo. Mas as coisas acontecem muito rápido – num momento você é um vagabundo bêbado brigando com mulheres bêbadas e drogadas e doidas num apartamento de classe baixa, aí parece que quando olha de novo você está na Europa e você entra num auditório e há 2.000 pessoas frenéticas esperando que você leia alguns poemas. E você tem 60 anos de idade...

Agora estou rumando para os 63 e não preciso fazer leituras para conseguir o vinho e o aluguel. Se quisesse ter sido um ator, eu teria sido um. Posar diante da plateia não é o meu modelo de ação. Recebo minhas ofertas. Recentemente tive notícia de um sujeito bacana que também me escreveu no ano passado: "... algumas das pessoas que já aceitaram são John Updike, Czeslaw Milosz, Stephen Spender, Edmund White, Jonathan Miller, Dick Cavett e Wendell Berry. Então, veja, você estaria em boa companhia...".

Eu lhe respondi que não. Embora a "remuneração" fosse farta.

Por que razão essas pessoas precisam fazer isso?

Bem, de qualquer maneira, o que eu estou tentando dizer é: para mim, ter dinheiro suficiente no momento me permite viver nesta cidade pequena, San Pedro, onde as pessoas são bastante normais e tranquilas e maçantes e boas e você teria dificuldade para encontrar um escritor ou pintor ou ator em qualquer lugar nas proximidades. Aqui é onde posso viver com meus 3 gatos e beber quase todas as noites e bater à máquina até 2 ou 3 da manhã. E no dia seguinte tem o hipódromo. Isso é tudo de que preciso. E os problemas acabam encontrando a gente (eu). Ainda existem momentos bons e infelizes com o sexo feminino. Mas gosto da conjuntura. Fico contente que eu não seja Norman Mailer ou Capote ou Vidal, ou Ginsberg lendo com The Clash, e fico contente que eu não seja The Clash.

Estou tentando chegar ao seguinte: quando a Sorte bate a sua porta, não deixe que ela Engula você. Ficar famoso quando você tem vinte e poucos anos é uma coisa muito difícil de superar. Quando você fica meio-famoso depois de passar dos 60, é mais fácil fazer ajustes. O velho Ez Pound costumava dizer: "Faça o seu *trabalho*". E eu sabia exatamente o que ele queria dizer. Muito embora, para mim, escrever nunca seja trabalho, não mais do que beber é. E, claro, estou bebendo agora, e portanto, se isto ficar um pouco confuso, bem, esse é o meu *estilo*.

Não sei, sabe. Pegue alguns poetas. Alguns começam muito bem. Há um lampejo, um incêndio, um lance arriscado no modo como eles se expressam. Um bom primeiro ou segundo livro, aí eles parecem se *d i s s o l v e r*. Você olha em volta e eles estão ensinando ESCRITA CRIATIVA em alguma universidade. Agora acham que sabem como se ESCREVE e vão dizer aos outros como se faz. Isso é uma doença: eles se aceitaram. É inacreditável que consigam fazer isso. É como um cara aparecer na minha frente tentando me ensinar a foder porque ele acha que fode bem.

Se existem quaisquer bons escritores, não creio que esses escritores saiam por aí, andem por aí, falem por aí, por si, pensando "Eu sou um escritor". Eles vivem porque não há nada mais para fazer. O troço se acumula: os horrores e os não horrores e as conversações, os pneus furados e os pesadelos, os gritos, as risadas e as mortes e os longos espaços de zero e toda essa coisa, isso começa a se totalizar e aí eles olham a máquina de escrever e se sentam e o troço salta para fora, não há planejamento, apenas ocorre: se eles ainda têm sorte.

Não existem quaisquer regras. Já não consigo ler outros escritores. Sou um solitário. Mas pego emprestado de outros em meus períodos de nada. Gosto de um bom jogo de futebol profissional ou de uma luta de boxe ou de uma corrida de cavalos na qual todos os competidores são quase iguais. Esses combates revelam com frequência o milagre da coragem e eu me sinto bem vendo tais coisas, isso me instila um pouco de fibra.

Disputar esse jogo bebendo ajuda um bocado, embora eu não o recomende para todo mundo. A maioria dos bêbados que conheci não é nem um pouco interessante. Claro, a maioria das pessoas sóbrias tampouco é.

Quanto às drogas, já usei, claro, mas larguei. A erva destrói a motivação e sempre deixa você atrasado sem ter para onde ir. Consigo entender as drogas mais pesadas com exceção da cocaína, que não leva você para lugar algum e nem mesmo deixa você saber que você está ali. Com "entender" as drogas mais pesadas eu quero dizer que consigo entender quem poderia escolher esse caminho: a viagem rápida e brilhante e aí tchau. Bem parecido com um suicídio divertido, sabe? Mas eu sou da birita, você dura mais, consegue escrever mais... Conhece mais mulheres, vai parar em mais cadeias...

Sobre outras coisas: sim, recebo cartas de fãs, não muitas, 7 ou 8 cartas por semana, contente que eu não seja Burt Reynolds, e não consigo responder todas, mas vez por outra respondo, sobretudo se essas cartas forem de um hospício ou prisão, ou como numa ocasião de uma cafetina de um prostíbulo e suas garotas. Não consigo deixar de gostar do fato de que essas pessoas leram a minha obra. Permito que isso me dê uma sensação boa por um momento. Recebo várias cartas de pessoas que dizem mais ou menos a mesma coisa: "Se *você* chegou lá, talvez também exista uma chance para mim". Em outras palavras, elas sabem que eu me ferrei até não poder mais mas ainda estou aqui. Não me importo que fiquem se metendo nisso, desde que não batam na minha porta e entrem e me balbuciem seus problemas compartilhando um fardo de cerveja. Não estou aqui para salvar o Povo, estou aqui para salvar meu próprio rabo covarde. E datilografar palavras enquanto bebo parece me manter na jogada. o.k.?

Não sou tão isolado assim. Tive as minhas muletas: F. Dos, Turguêniev, um pouco de Céline, um pouco de Hamsun, quase tudo de John Fante, bastante coisa de Sherwood Anderson, o Hemingway bem do início, tudo de Carson McCullers, os poemas mais longos de Jeffers; Nietzsche e Schopenhauer; o estilo de Saroyan sem o conteúdo; Mozart, Mahler, Bach, Wagner, Eric Coates; Mondrian; e. e. cummings e as putas do leste de Hollywood; Jack Nicholson;

Jackie Gleason; Charlie Chaplin, início; Barão Manfred von Richthofen; Leslie Howard; Bette Davis; Max Schmeling; Hitler... D.H. Lawrence, A. Huxley e o velho bartender com o rosto vermelho cádmio em Philly... E houve uma atriz em particular cujo nome não me ocorre mais e que considero ser, que foi a mulher mais linda de nosso tempo. Ela bebeu até a morte...

Eu caio no romantismo, claro. Conheci uma moça certa vez, ela era uma beleza. Tinha sido namorada de E. Pound. Ele a menciona em certas estâncias dos *Cantos*. Bem, ela foi ao encontro de Jeffers certa vez. Bateu na porta dele. Talvez quisesse ser a única mulher do planeta que trepou tanto com Pound quanto com Jeffers. Bem, Jeffers não atendeu sua porta. Uma moça velha atendeu. Uma tia, uma empregada doméstica, ela não apresentou credencial. A moça linda disse à moça velha: "Quero falar com o mestre". "Espere um momento", falou a moça velha. Algum tempo se passou e então a moça velha voltou, saiu e falou: "Jeffers disse que construiu sua rocha, vá construir a sua...". Gostei dessa história porque eu estava tendo diversos problemas com mulheres lindas naquela época. Mas agora eu fico pensando: talvez a moça velha nem tenha falado com Jeffers em absoluto, ela só ficou parada ali perto, então voltou e disparou a conversa em cima da beldade. Bem, eu não a peguei tampouco e ainda não construí minha rocha, se bem que às vezes está lá, quando não há nada mais por perto.

O que eu estou tentando dizer é que ninguém jamais fica famoso ou bom, isso já era. Talvez você consiga ficar famoso e bom depois de morto, mas, enquanto está vivo, se é que algo conta, então se você consegue mostrar um pouco de mágica em meio ao tumulto, tem que ser a de hoje ou de amanhã, o que você *fez* não conta nem para um saco de merda cheio de fiofós cortados de coelhos. Não é uma regra, mas é um fato. E é um fato que, quando recebo perguntas pelo correio, não consigo respondê-las. Caso contrário eu estaria dando aulas de ESCRITA CRIATIVA.

Percebo que estou ficando mais bêbado, mas você está ganhando aqui o que poderia ter sido um poema ruim. Eu sempre me lembro de quando lia os artigos de crítica na *Kenyon* [*Review*] e *Sewanee Review* nos tempos do velho banco de praça e eu gostava de como eles usavam a linguagem muito embora eu achasse falso, mas todas as nossas palavras são falsas afinal, certo, Bartender? O que é que podemos fazer? Não muita coisa. Ter sorte, talvez. Precisamos do ritmo e de um mínimo senso de entretenimento antes daquele momento no qual nos encontram rígidos no canto, inúteis, de acordo com quem restou. Me deixa terrivelmente triste que sejamos tão limitados. Mas você tem razão, o que há para comparar com isso? Não ajuda nada. Tratemos de beber. E beber de novo... Tentando fatiar toda essa merda com um pequeno garfo de latão...

[Para A.D. Winans]
23 de fevereiro de 1983

[...] Fui convidado para ir ao Naropa algum tempo atrás, não para o negócio da [Escola Jack] Kerouac [de Poética Desencarnada], mas para um trapo, quer dizer, trampo de 2 semanas... Primeiro fui procurado por certa poetisa [Anne Waldman] e lhe respondi "não". Então fui procurado por Ginsberg e precisei lhe dizer que eu simplesmente não faço esse tipo de coisa. A única coisa que eu poderia dizer à maioria das pessoas sobre escrever é: NÃO ESCREVA. O ambiente está ultrapoluído agora...

Nunca gostei dos beats, eles eram autopromocionais demais e as drogas deram a todos eles paus de madeira ou os transformaram em conas. Eu sou da velha escola, acredito em trabalhar e viver no isolamento; as multidões enfraquecem nossa determinação e nossa originalidade... Quando você anda com escritores, você não está ouvindo ou vendo nada além disso. Ou talvez minha natureza seja só roçar sozinho. Eu me sinto bem sem ninguém por perto.

[Para Jack Stevenson]
5 de março de 1983

[...] Kafka, você tem razão... Ele está ali. Eu sempre gostava de lê-lo quando sentia vontade de me matar, ele parecia me acalmar, sua escrita abria um buraco negro e você caía direto lá para dentro, ele conseguia mostrar a você pequenos truques estranhos, ele tirava você um pouco das ruas. Eu tinha sorte com D.H. Lawrence desse jeito também, quando me sentia uma porcaria eu me jogava em seu troço atocaiado retorcido e era como sair do maldito município, talvez até mesmo do país. Hemingway sempre faz você se sentir trapaceado, como se você tivesse sido logrado e arrebentado. Sherwood Anderson era um maluco esquisito e eu gostava de me perder também em suas vagueações sonolentas e estranhas. Bem...

O poema com a palavra grafada incorretamente sobre o qual Bukowski fala é "waiting for christmas", publicado na Blow *em 1983.*

[Para John Martin]
3 de outubro de 1983

10-3-83

Hello John:

enclosed new poems....

Also, mimeo poetry booklet with some of my poems and a nice review of HAM ON RYE. The thing is, in case I mailed you these poems, see first page in mag. 4th word first line should read "trugs". There isn't such a word as "turgs". For the record.

I hope HOT WATER MUSIC arrives soon. I get the idea that printer's and binders tend to set their own pace. Probably akin to trying to get a roofer to come by and fix a leaky roof.

all right,
your boy,

Hank

P.S. — I WILL BE JUMPING BETWEEN THE NOVEL, THE SHORT STORY AND THE POEM, AND I DON'T KNOW WHY MORE DON'T DO THIS. IT'S LIKE HAVING 3 WOMEN — WHEN ONE GOES SOUR YOU TRY ONE OF THE OTHERS.

inclusos novos poemas...

Também livreto mimeografado de poesia com alguns dos meus poemas e uma bela resenha de *Misto-quente*. Tem uma coisa, no caso de eu ter lhe mandado esses poemas, veja primeira página na revista. na quarta palavra primeiro verso leia-se "trugs".* Não existe a palavra "turgs". Para deixar registrado.

Espero que *Numa fria* chegue logo. Tenho a impressão de que impressores e encadernadores tendem a determinar seu próprio ritmo. Provavelmente parecido com tentar chamar um telhador para vir consertar um telhado com goteira.

P.S. – Vou ficar pulando entre o romance, o conto e o poema, e não sei por que mais gente não faz isso. É como ter 3 mulheres – quando uma azeda você experimenta uma das outras.

* Cesta de jardinagem. (N.T.)

1984

[Para William Packard]
19 de maio de 1984

Bem, já que você pediu... de outro modo, falar sobre poesia ou a falta dela é algo tão "uvas azedas", uma frutada expressão de desgosto usada nos velhos tempos. O que é uma frase de abertura um tanto cagada, mas só tomei um ínfimo gole de vinho. O velho F. N[ietzsche] acertou quando lhe perguntaram (também nos velhos tempos) sobre os poetas. "Os poetas?", ele disse. "Os poetas mentem demais." Esse era *um* de seus defeitos, e, se é para descobrirmos o que há de errado ou o que não está certo com a poesia moderna, teremos de olhar para o passado também. Você sabe que, quando os meninos no pátio da escola não querem ler poesia, querem até mesmo rir dela, desprezá-la como um passatempo afeminado, eles não estão inteiramente errados. Claro, ocorre ao longo do tempo uma mudança semântica que torna mais difícil absorver as obras do passado, mas não é isso o que desanima os meninos. A poesia simplesmente não era legal, era uma coisa falsa, não importava. Pegue Shakespeare: a leitura deixava você fora de si de tanto tédio. Ele só acertava uma de vez em quando, ele lhe dava uma tacada genial e aí voltava para labutar na questão seguinte. Os poetas que eram enfiados nas nossas goelas eram imortais, mas não eram nem perigosos nem interessantes. Nós cuspíamos eles fora e tratávamos de nos ocupar com algo mais sério: brigas de sangrar o nariz depois da escola. Todo mundo sabe que, se você não conseguir impressionar a mente jovem bem cedo, vai ser um inferno total impressioná-la mais tarde. Pessoas que viram patriotas ou crentes em Deus têm plena noção disso. A poesia nunca teve muitos atrativos, e ainda não tem. Sim, sim, eu sei, houve Li Po e alguns dos primeiros poetas chineses, que conseguiam compactar grande emoção e grande verdade em poucos versos simples. Existem outras exceções, claro, a raça humana não é tão manca assim a ponto de não ter dado alguns passos. Mas a vasta massa, polpa, tinta e pinta de tudo é traiçoeiramente vazia, quase como se alguém tivesse nos aplicado um golpe baixo, pior do que isso, e as bibliotecas são uma farsa.

E os modernos tomam emprestado do passado e estendem o erro. Alguns alegam que a poesia não é para muitos, mas para poucos. O mesmo se dá com a maioria dos governos mundiais. O mesmo se dá com os ricos e as assim chamadas mulheres de classe. O mesmo se dá com banheiros especialmente construídos.

O melhor estudo da poesia é lê-la e esquecê-la. Não acho que seja uma virtude especial o fato de um poema não poder ser entendido. Pelo fato de que os poetas escrevem, na maioria, a partir de suas vidas protegidas, as coisas sobre as quais escrevem são limitadas. Prefiro muito mais conversar com um lixeiro, um encanador ou um cozinheiro de lanchonete do que com um poeta. Eles simplesmente sabem mais sobre os problemas corriqueiros e as alegrias corriqueiras de permanecer vivo.

A poesia *pode* ser divertida, pode ser escrita com clareza espantosa, não entendo por que precisa ser do outro jeito, mas é. A poesia é como ficar sentado num quarto abafado com as janelas fechadas. E bem pouca coisa ocorre que deixe entrar algum ar, alguma luz. Pode ser que a área meramente tenha atraído os piores dos praticantes. Parece tão fácil você se autointitular "um poeta". Há muito pouco a fazer uma vez que você assumiu a sua posição. Há uma razão pela qual muitas pessoas não leem poesia. A razão é que o troço é feito mal e frouxamente. Quem sabe os criadores enérgicos tenham se dedicado à música ou prosa ou pintura, escultura? Pelo menos vez por outra, nessas áreas, alguém rompe as paredes rançosas.

Eu mantenho distância dos poetas. Quando vivia em meus quartos de cortiço, era mais difícil fazer isso. Quando me encontravam, eles ficavam sentados em volta fofocando e bebendo minha birita. Alguns desses poetas eram razoavelmente bem conhecidos. Mas seu rancor, seus chiliques e sua inveja de qualquer outro poeta tendo qualquer sorte eram inacreditáveis. Ali estavam homens que deviam estar produzindo palavras de verve e sabedoria e exploração e eles não passavam de babacas doentes, não conseguiam nem mesmo beber direito, saliva escorria pelos cantos de suas bocas, eles babavam em suas camisas, ficavam tontos com poucos drinques, vomitavam e esbravejavam. Falavam mal de todo mundo que não estivesse por perto e na minha cabeça eu não tinha nenhuma dúvida de que a minha vez chegaria quando eles estivessem em outro lugar. Eu não me sentia ameaçado. O que importava era quando eles iam embora: suas vibrações baratas haviam se depositado embaixo do tapete e nas persianas e por tudo e às vezes era só um dia ou dois depois que eu conseguia me sentir bem de novo – quero dizer, minha nossa:

"Ele é um judeu italiano asqueroso e a esposa dele está num hospício."

"X é tão pão-duro que quando desce uma ladeira de carro ele desliga o motor e coloca em ponto morto."

"Y baixou as calças e implorou que eu lhe comesse o cu e me pediu para nunca contar a ninguém."

"Se fosse um homossexual negro, eu seria famoso. Assim, não tenho a menor chance."

"Vamos lançar uma revista. Você tem algum dinheiro?"

Depois há o circuito de leituras. Se você faz o circuito pelo aluguel, tudo bem. Mas gente demais faz por vaidade. Eles fariam as leituras de graça, e muitos fazem. Se quisesse estar num palco, eu teria sido um ator. Para alguns que apareceram e sugaram meus drinques, expressei meu desgosto por ler poemas para uma plateia. Isso exala um odor de amor-próprio, eu lhes falei. Eu vi esses dândis se levantarem para ciciar seus versos límpidos, é tudo tão tedioso e maçante, e a plateia parece ser tão rasa quanto o leitor: apenas pessoas mortas matando uma noite morta.

"Ah, não, Bukowski, você está *errado*! Os trovadores costumavam andar pelas ruas regalando o público!"

"Não é possível que fossem ruins?"

"Ei, *cara*, do que é que você está falando? Madrigais! Canções do coração! O poeta é o mesmo! Nunca que nós vamos nos *cansar* dos poetas! Precisamos de *mais* poetas, nas ruas, nos cumes das montanhas, em todos os lugares!"

Creio que devem existir recompensas para tudo isso. Depois de uma das minhas leituras lá no sul, numa festa em seguida, na casa do professor que tinha organizado a leitura, eu estava parado num canto, bebendo a birita de alguém para variar, quando se aproximou o professor.

"Bem, Bukowski, qual delas você vai querer?"

"Das mulheres, é isso?"

"Sim, hospitalidade do sul, sabe."

Umas 15 a 20 mulheres deviam estar no recinto. Dei uma olhada em volta e, sentindo que isso salvaria minha maldita alma só um pouquinho, selecionei uma velha com vestido curto vermelho mostrando um monte de perna, ela estava borrada de batom e birita.

"Vou pegar a Vovó Moses ali", eu lhe falei.

"O quê? Sério? Bem, ela é sua..."

Não sei como, mas a notícia se espalhou. A vovó estava conversando com um cara. Ela olhou de lá e sorriu, acenou de leve. Eu sorri, pisquei. Eu agasalharia minhas bolas com aquele vestido vermelho.

Então a loura alta se aproximou. Ela tinha rosto de marfim, as feições moldadas, os olhos verde-escuros, os flancos, o mistério, a juventude, ah, tudo aquilo, sabe, e ela veio até mim e estufou seus peitos enormes e disse: "Quer dizer que você vai pegar *aquilo*?".

"Isso aí, minha senhora, vou entalhar as minhas iniciais numa de suas nádegas."

"SEU TOLO!" ela me cuspiu e rodopiou para ir falar com um jovem estudante moreno com um pescoço fino e delicado que se inclinava à frente fatigado de sua imaginada agonia. Ela era provavelmente a comedora de poetas número 1 daquela cidade ou talvez a única chupadora de poetas número 1, mas eu havia estragado sua noite. Às vezes compensa mesmo ler, até por 500 e ar...

O que nos leva mais longe. Durante esse período com minha pequena mala de viagem e meu cada vez maior feixe poético, conheci outros da minha laia. Às vezes eles estavam indo embora enquanto eu chegava ou o contrário. Meus deus, eles pareciam tão acabados, arregalados e deprimidos quanto eu. O que me dava alguma esperança por eles. Estamos apenas picaretando, eu pensava, é um trabalho sujo e a gente sabe disso. Alguns deles estavam escrevendo certa poesia que arriscava um pouco, gritava, parecia estar abrindo caminho na direção de algo. Eu senti que nós estávamos trambicando a nossa merda contra todas as probabilidades, tentando permanecer fora das fábricas e das lavagens de carro, talvez até mesmo dos hospícios. Sei que, bem pouco tempo antes de a minha sorte mudar um pouco, eu andava planejando tentar assaltar alguns bancos. Melhor ser comido por uma mulher velha num vestido vermelho curto... Mas estou tentando chegar no seguinte: alguns daqueles poucos começavam tão bem... digamos, quase com o mesmo estardalhaço de um Shapiro inicial em *V-Letter*, agora eu olhava em volta e eles tinham sido ingeridos, digeridos, sugeridos, molestados, conquistados, trivializados. Eles ensinam, são poetas residentes. Usam roupas bacanas. São calmos. Mas seus escritos são 4 pneus furados e sem estepe no porta-malas e sem gasolina no tanque. AGORA ELES ENSINAM POESIA. ELES ENSINAM COMO SE ESCREVE POESIA. De onde tiraram a ideia de que já souberam algo sobre isso? Esse é o mistério para mim. Como ficaram tão espertos tão depressa e tão burros tão depressa? Para onde foram? E por quê? E para quê? A resistência é mais importante do que a verdade porque sem resistência não pode haver verdade alguma. E a verdade significa ir até o fim pra valer. Dessa maneira, a própria morte não é de nada quando nos agarra.

Bem, já falei demais. Estou parecendo aqueles poetas que costumavam aparecer e vomitar no meu sofá. E a minha palavra é só mais uma palavra se unindo a todas as outras palavras. Só pra você saber, arranjei um gatinho novo. Macho. Preciso de um nome. Para o gatinho, eu quero dizer. E houve alguns bons nomes. Você não acha? Como Jeffers. E. E. Cummings. Auden. Stephen Spender. Catulo. Li Po. Villon. Neruda. Blake. Conrad Aiken. E há Ezra. Lorca. Millay. Sei lá.

Ah, que diabo, talvez eu simplesmente chame o filho da puta de "Baby Face Nelson" e dê o assunto por encerrado.

[Para A.D. Winans]
27 de junho de 1984

[...] Acho que uma das melhores coisas que já me aconteceram foi que eu tive tão pouco sucesso como escritor por tanto tempo e precisei trabalhar para garantir meu sustento até chegar aos 50. Isso me manteve longe de outros escritores e seus jogos de salão e sua maledicência e seus chiliques, e agora que tive alguma sorte ainda pretendo me manter afastado deles.

Que continuem seus ataques, vou continuar meu trabalho, que não é algo que faço em busca de imortalidade ou sequer de uma ínfima fama. Faço porque devo fazer e farei. Eu me sinto bem na maior parte do tempo, sobretudo quando estou diante desta máquina, e as palavras me dão cada vez mais a sensação de que estão saindo cada vez melhor. Verdade ou não, certo ou errado, vou em frente.

[Para Carl Weissner]
2 de agosto de 1984

[...] O trabalho que você fez ao longo dos anos por mim e pela Sparrow, suas traduções e seus esforços de sempre conseguir o melhor para nós só pode ser uma das coisas mais extraordinárias de que tenho conhecimento. Duas das coisas mais afortunadas que já me aconteceram foram quando Martin me pegou e você decidiu ser meu tradutor e agente e amigo. Penso também no velho Jon Webb, que me publicou naquelas esplêndidas edições quando eu era virtualmente desconhecido. Existem pessoas mágicas no mundo, e você é com a máxima certeza uma delas. [...]

Aqui, bem, eu recebo tantos livros traduzidos de tantos lugares que mal tenho ideia do que está acontecendo. A estante não consegue aguentar todos. Eles estão espalhados pelo tapete todo. Preciso de outra estante no quarto. Talvez logo. É tudo muito estranho. Pensar que pessoas em todos esses países distantes estão sentadas lendo *Mulheres*, *Factótum*, *Ao sul de lugar nenhum*, *Misto-quente* e assim por diante... Recebo cartas de amor de mulheres em lugares longínquos. Uma mulher na Austrália me mandou a chave de sua casa. Longas cartas de outras. E aqui, nos E.U., recebo propostas de garotas com 19 a 21 que querem me visitar. Eu lhes digo: nada feito. Nada é de graça. Há um preço para tudo. Eu lhes digo que tratem de trepar com alguém da idade delas. [...]

Martin me botou na pintura para *War All the Time*. Eu tento lhe dizer que as pinturas vêm do mesmo lugar do qual vem a escrita e que prefiro escrever. Não consigo fazê-lo entender isso. Então fico sentado por aqui, bêbado, espremendo tubos de tinta no papel e os colocando no chão e os gatos caminham por cima deles. Não os impeço.

1985

O livro retirado da biblioteca de Nijmegen, na Holanda, foi Ereções, ejaculações, exibicionismos e fabulário geral do delírio cotidiano.

[Para Hans van den Broek]
22 de janeiro de 1985

Obrigado por sua carta me informando sobre a retirada de um dos meus livros da biblioteca de Nijmegen. E que ele é acusado de discriminação por causa dos negros, homossexuais e mulheres. E que é sadismo por causa do sadismo.

O negócio que eu mais temo discriminar é o humor e a verdade.

Se eu escrevo coisas ruins sobre negros, homossexuais e mulheres é porque aqueles que conheci eram assim. Existem vários "ruins" – cães ruins, censura ruim; existem até mesmo homens brancos "ruins". Só que, quando você escreve sobre homens brancos "ruins", eles não reclamam disso. E por acaso preciso dizer que existem negros "bons", homossexuais "bons" e mulheres "boas"?

No meu trabalho como escritor eu apenas fotografo, em palavras, o que vejo. Se escrevo sobre "sadismo" é porque ele existe. Não o inventei, e se certos atos terríveis ocorrem na minha obra é porque tais coisas acontecem nas nossas vidas, não estou do lado do mal, se é que tal coisa abunda por aí. Na minha escrita, nem sempre concordo com o que ocorre, tampouco fico chafurdando na lama pelo puro prazer do troço. Também é curioso que as pessoas que vociferam contra o meu trabalho pareçam ignorar os trechos dele que acarretam alegria e amor e esperança, e existem tais trechos. Meus dias, meus anos e minha vida conheceram altos e baixos, luzes e escuridões. Se eu escrevesse única e continuamente sobre a "luz" e nunca mencionasse a outra, então, como artista, eu seria um mentiroso.

A censura é a ferramenta daqueles que têm necessidade de ocultar realidades de si mesmos e dos outros. Seu temor é só sua inabilidade de encarar o que é real, e não consigo dar vazão a qualquer raiva contra eles, sinto apenas uma tristeza pavorosa. Em algum ponto, em sua criação, eles foram protegidos contra os fatos totais da nossa existência. Só foram ensinados a olhar de um único jeito, quando existem muitos jeitos.

Não me desanima que um de meus livros tenha sido perseguido e desalojado das estantes de uma biblioteca municipal. Em certo sentido, eu me sinto honrado por ter escrito algo que despertou essa gente de suas profundezas nada ponderosas. Mas fico magoado, claro, quando um livro de outra pessoa é censurado, pois esse livro geralmente é um grande livro e existem poucos desses, e ao longo das eras esse tipo de livro com frequência deu origem a um clássico, e aquilo que foi outrora considerado chocante e imoral é agora leitura obrigatória em muitas de nossas universidades.

Não estou dizendo que o meu livro é um desses, mas estou dizendo que em nossa época, neste momento quando qualquer momento pode ser o último para quase todos nós, é um tormento desgraçado e é impossivelmente triste que ainda tenhamos entre nós essa gente pequena e amarga, os caçadores de bruxas e os que declamam contra a realidade. Mas eles também pertencem ao nosso meio, são parte do todo, e, se não escrevi a respeito deles, eu deveria, talvez tenha feito isso aqui, e isso basta.

que todos nós melhoremos juntos.

[Para A.D. Winans]
22 de fevereiro de 1985

[...] Quanto a largar seu emprego aos 50, não sei o que dizer. Eu precisei largar o meu. Meu corpo inteiro estava doendo, eu já não conseguia levantar meus braços. Se alguém me tocava, só esse toque me varava o corpo com torrentes e disparos de intenso sofrimento. Eu estava acabado. Haviam surrado meu corpo e minha mente por décadas. E eu não tinha um centavo. Eu precisava me apagar na bebida para libertar minha mente do que estava acontecendo. Decidi que eu ficaria melhor num beco imundo. Estou falando sério. O final titubeante tinha chegado. No meu último dia de serviço, um cara qualquer deixou escapar um comentário enquanto eu passava: "Esse coroa tem uma coragem danada pra largar um emprego na idade *dele*". Eu nem sentia que eu tinha uma idade. Os anos haviam apenas se acumulado numa pilha de merda.

Sim, eu tinha medo. Tinha medo de nunca conseguir dar certo como escritor, em termos monetários. Aluguel, pensão de criança. A comida não importava. Eu apenas bebia e me sentava diante da máquina. Escrevi meu primeiro romance (*Cartas na rua*) em 19 noites. Eu bebia cerveja e scotch e ficava atirado de calção. Eu fumava charutos baratos e ouvia rádio. Eu escrevia histórias de sacanagem para as revistas de sexo. Isso pagava o aluguel e também levava os molengas e os medrosos a dizer: Ele odeia as mulheres.

Minhas declarações de rendimentos daqueles primeiros anos revelam uma quantidade ridiculamente pequena de dinheiro auferido, mas, de alguma maneira, eu existia. As leituras de poesia vieram e eu as odiava, mas era mais $$$. Foi uma época de bebedeira nebulosa e desvairada, e tive alguma sorte. E eu escrevia e escrevia e escrevia, adorava o bater da máquina. Cada dia era uma luta. E dei sorte com um bom senhorio e senhoria. Eles me achavam maluco. Eu descia e bebia com eles noite sim, noite não. Eles tinham um refrig. abarrotado com nada senão garrafas de um litro de cerveja Eastside. Bebíamos direto das garrafas, uma depois da outra até 4 da manhã, cantando canções dos anos 20 e 30. "Você é maluco", minha senhoria ficava repetindo, "você largou aquele emprego bom nos correios". "E agora você está andando com aquela mulher maluca. Você sabe que ela é maluca, não sabe?", o senhorio falava.

Além disso, eu ganhava dez paus por semana para escrever aquela coluna "Notas de um velho safado". E posso afirmar, aqueles dez paus pareceram grande coisa por algum tempo.

Não sei, A.D., não sei direito como foi que eu consegui. A bebida sempre ajudava. Ainda ajuda. E, francamente, eu adorava escrever! O SOM DA MÁQUINA DATILOGRÁFICA. Às vezes penso que o som da máquina datilográfica era só o que eu queria. E a bebida ali, cerveja com scotch, ao lado da máquina. E encontrar tocos de charutos, tocos velhos, acendê-los bêbado e queimar meu nariz. Não era tanto que eu estivesse TENTANDO ser um escritor, era mais tipo fazer algo que dava uma sensação boa.

A sorte aos poucos aumentou e continuei escrevendo. As mulheres ficaram mais jovens e mais exigentes. E certos escritores começaram a me odiar. Ainda odeiam, só que mais. Isso não importa. O importante é que não morri naquele banquinho dos correios. Segurança? Segurança no quê?

[Para John Martin]
Junho de 1985

Você ganhou a vida com isso, e na maioria publicou o que quis, talvez não tanto no início, quando você tendia a ouvir mais as vozes "literárias" que queriam apontá-lo na direção do "prestígio", mas cada vez mais você se tornou o apostador, aquele que aposta mas mesmo assim tende a ganhar – por estilo e conhecimento, instinto. O que vende não é necessariamente bom e o que não vende pode ser realmente ruim, em vez de uma forma-artística incompreendida. Existem as mais variadas versões dessa mescla. Montar um bom espetáculo exige um Olhar que consiga separar o porco da porcaria. Você faz o seu trabalho com uma energia que espanta os desejos e sonhos frouxos e avoados de quem pensa que as coisas podem chegar sem o bom combate.

Tentam rebaixar você porque você faz algo funcionar quando eles não conseguem fazer nada funcionar; sua inveja é forjada por sua deplorável fraqueza. Você simplesmente vai em frente, continua, ao passo que eles vociferam contra seu aparente infortúnio, que só é ocasionado por uma preguiça repulsiva e uma espinha dorsal que não passa de um pauzinho de alcaçuz.

Você é o publicador, o editor, o leitor de originais, o cobrador de contas, o publicitário e sabe Deus o que mais, enquanto escuta os assim chamados Grandes gemendo e choramingando pelo telefone a respeito das mais diversas animosidades triviais, os brandos tormentos de nada que atormentam toda e qualquer criatura viva mas com os quais *eles* se sentem particularmente assolados por causa de sua assim chamada genialidade decuplicada concedida por Deus, tão absolutamente sensível e seleta.

Você faz a droga do seu trabalho e você o faz bem, muito bem, mas o que me incomoda, mesmo que não incomode você, é o que considero sua quase ausência de reconhecimento por aquilo que você faz, fez, continua fazendo, de modo implacável e com vigor. Ouso dizer que você publicou um corpo literário por quase três décadas que se destaca como insuperável na história editorial americana. Porém, o que dizem sobre você? Não que você precise disso, é só que eu preciso por você. Prefiro que os Campeões não passem despercebidos.

O seu problema é que, fazendo o seu trabalho, você rejeitou dedicar um tempo para ir a todas as recepções festivas e para puxar o saco das criaturas midiáticas e universitárias que o promoveriam ao círculo da proeminência cadavérica e maçante.

Não se preocupe, a Bomba virá depressa o bastante, e, se não vier, o registro das suas façanhas estará lá, Black Sparrow, seu tolo, maravilhoso e amável filho da puta.

Os livros que Bukowski discute a seguir são Estrada para Los Angeles *e* O vinho da juventude, *ambos publicados postumamente pela Black Sparrow Press em 1985.*

[Para Joyce Fante]
18 de dezembro de 1985

Sinto muito por você ter perguntado sobre o livro de John e eu ter ficado atirado por dias e algumas noites especulando sobre como lhe responder e não há jeito de eu poder fazer isso senão deste jeito: não gostei dele, nem do livro seguinte.

Sabe, há uma maneira de ter rancor com estilo, e há uma maneira de mergulhar na amargura com humor, mas esses dois livros apenas fizeram com que eu me sentisse mal. Tudo bem quanto a devastar se a sua devastação exige coragem, mas se for só a devastação pela devastação, bem, isso é feito todos os dias em todas as nossas vidas, acontece nas autoestradas e vielas de nossas idas e vindas e esperas.

John foi minha principal influência, junto com Céline e Dostoiévski e Sherwood Anderson, e ele escreveu alguns dos livros mais sensíveis e cheios de graça do nosso tempo, mas sinto que seria melhor se estas últimas ou primeiras obras não tivessem sido publicadas. Posso estar errado, claro. Com frequência estou errado.

Que eu tenha sido capaz de conhecer meu herói (se você me perdoar esse termo) no fim de sua vida e sob as mais dolorosas condições foi algo ao mesmo tempo muito triste e muito grandioso para mim. E espero que as poucas palavras que troquei com John o tenham ajudado em meio àquele muitíssimo terrível inferno.

Apesar de tudo, sempre vou me lembrar da leitura de *Pergunte ao pó*, que ainda considero ser o melhor romance já escrito em todos os tempos, um romance que provavelmente salvou a minha vida, qualquer que seja o valor dela.

Ninguém jamais joga com a máxima perfeição o tempo todo; na verdade, poucos jamais chegam muito perto. John chegou, e mais de uma vez. Você viveu com um homem muito amargo que superou sua amargura, afinal, com um amor que vibrou e encheu e abalroou cada linha num milagre memorável que dizia

sim apesar do não
sim por causa do não
que dizia
sim sim sim

e continuou a dizê-lo, mesmo em sua situação quando eu o conheci.

Nunca existirá outro John Fante...

Ele era um buldogue com coração, no inferno.

1986

[Para Kurt Nimmo]
3 de março de 1986

Sinto muito que Martin esteja pairando sobre você como um vulto de pesadelo. Eu sou o ás no estábulo dele, e ele quase enlouquece de inquietação quando alguém deixa vazar alguns poucos poemas dispersos. [*Relentless as the*] *Tarantula* foi feito magnificamente, e acho que os poemas estão o.k., alguns deles até mesmo excepcionais. Francamente, fico feliz que você o tenha feito...

Martin tem milhares dos meus poemas, milhares, milhares, uma acumulação de 20 anos nos quais lhe mandei trabalho. Ele poderia lançar 5 ou 6 ou 7 livros meus de poesia sem o menor problema e os poemas seriam todos de alto nível. Eu simplesmente escrevo uma quantidade absurda de material.

Martin está segurando meu próximo livro deliberadamente para deixar o pessoal ávido e faminto. Ele fala sobre como o coronel Parker manejava E. Presley. Disse que ele retinha o material de Elvis para fazer o pessoal desejá-lo. Que merda, todos aqueles filmes idiotas com Presley. Não chamo isso de reter.

Martin e eu mais ou menos começamos juntos e sinto que lhe devo certa lealdade; por outro lado, pode ser que agora ele nem estivesse na jogada se não fosse por mim.

Como eu detesto entrar nessas brigas de unha... com Martin. Tudo que eu quero fazer é beber vinho e bater à máquina.

Ele me mandou uma cópia da carta que escreveu para você. Então por que o telefonema? Para você...

Martin parece obcecado demais com a merda toda.

Do meu ponto de vista, me parece que você meramente publicou os poemas porque gostava deles. E também você *dá* os exemplares para os seus assinantes... Não me soa como se você estivesse tentando destruir o império de Martin!

[Para John Martin]
5 de março de 1986

Esse troço é infernal.

O que estou começando a perceber é que a Black Sparrow pode só publicar o que quer.

O que sobra você ainda tem na sua reserva.

É como você ter um macaco aberrante numa gaiola para exibi-lo ao seu comando.

Minha energia está sendo mutilada por sua mera motivação de lucro.

Você fica me segurando enquanto meus leitores estão num furor por um gostinho de mais.

Minha lealdade a você começou como uma questão justa e equilibrada.

Tudo que eu quero fazer é escrever essa merda. E você só permite que as pessoas vejam talvez um sexto da minha energia.

Isso é assassinato. Você está me matando.

Nenhum poeta em sua época foi reprimido como você está me reprimindo.

[Para William Packard]
27 de março de 1986

Acabei de receber a *NYQ* #29 e notei os vários poemas de Chinaski que você publicou! Você faz um homem se sentir como e. e. Cummings ou quase talvez um pouco como Ezra, e Li Po e eu sorvo este vinho nesta noite e me sinto excelentemente bem; gosto de fazer as palavras morderem o papel não tanto como Hemingway fazia mas mais como arranhões no gelo e também acompanhadas de certa pequena risada.

Obrigado pela sua aposta. Tenho certeza de que em muitos quadrantes sou considerado "apoético", o que, claro, me agrada até a raiz dos cabelos.

Então, ah... hã... eu... mando mais alguns inclusos, muito embora eu tenha noção de que mesmo agora você está sobrecarregado. Se a *NYQ* não tivesse chegado eu ia ter atirado em outra direção mas me deu esse júbilo imenso e os envio no seu rumo. Não estou tentando me vender... Se tudo voltar, há simplesmente tanto espaço para tanta gente, aí desloco estes para outra direção...

Levei algumas décadas para ter sorte e acho que assim foi melhor – os empregos de merda, as mulheres duronas, no meio-tempo lendo os escritores e ganhando deles bem pouca coisa. Quando você é escravo e servo do dinheiro de outra pessoa, tem algo com a maioria dos escritos que fracassa em agradar. Claro, a juventude tem algo nela que faz você se achar bem melhor do que é. No início, eu escrevia parecido demais com Saroyan e Hemingway e um pouquinho como Sherwood Anderson. Aí comecei a não gostar mais de Saroyan porque ele falhava em mudar por condições e de Hemingway porque não havia porra nenhuma de humor, então esses murcharam para mim. Sherwood Anderson, bem, um monte dele ainda cola. Li Po teria gostado dele.

De qualquer maneira, enquanto fracassava na máquina eu caía cada vez mais na bebida e nas mulheres, era como escrever de um modo substituto, e isso chegou bem perto de me matar, mas eu estava pronto para ser morto e isso não aconteceu de todo, e muito embora eu tivesse largado a outra espécie de escrita, involuntariamente eu estava recolhendo um material estranho e selvagem no qual talvez um dia alguém buscando um Doutorado em Literatura em certa Univ. não cairia em cima. Sabe, ouvi pessoas bem-intencionadas me dizendo: "Todo mundo sofre". Eu sempre lhes respondo: "Ninguém sofre como o pobre". Então me livro delas.

Escrever é apenas o resultado daquilo em que nos transformamos dia após dia ao longo dos anos. É uma maldita impressão digital do eu e é isso aí. E tudo que foi escrito no passado não é nada; o que é... é apenas a linha seguinte. E quando você não consegue chegar à linha seguinte isso não significa que você está velho, significa que você está morto. Tudo bem estar morto, acontece. Eu anseio por um adiamento, no entanto, como todos nós ansiamos. Mais uma folha de papel enfiada nesta máquina, sob esta quente lâmpada de mesa, preso dentro do vinho, reacendendo estes tocos de cigarro enquanto no andar de baixo minha pobre esposa escuta estes sons, especulando se eu estou louco ou só bêbado ou seja lá o que for. Nunca mostro a ela o meu trabalho, nunca falo a respeito. Quando a sorte dura e um livro sai, eu me deito na cama, dou uma lida, não digo nada, passo o livro para ela. Ela o lê, diz bem pouca coisa. É desse jeito que os deuses querem que seja. Esta é uma vida além de todas as considerações mortais e morais. É isso. Estabelecido desse jeito. E quando meu esqueleto repousar no fundo do caixão, se eu vier a ter isso, nada será capaz de reduzir estas noites esplêndidas, sentado aqui diante desta máquina.

[Para Carl Weissner]
22 de agosto de 1986

[...] Praticamente eu engoli uma garrafa cheia em 15 minutos, branca de gelo. Sou obrigado, esquenta tão depressa. Meio como o novo livro, *You Get So Alone at Times That It Just Makes Sense*. Nada imortal mas algumas boas risadas, talvez? Quando Barbet veio aqui ele viu todas as caixas de papelão cheias de poemas.

"Jesus Cristo, você escreveu tudo isso?", ele perguntou.

"Neste ano", eu falei.

"Martin seleciona o melhor do seu material?"

"Esperemos que sim..."

Bem, a maioria dos poetas seleciona seus próprios poemas. Quanto a mim, sou preguiçoso. Além disso, enquanto estou trabalhando na seleção de poemas eu poderia estar escrevendo *mais*. Um dos maiores segredos de Martin é que ele tem MILHARES DE POEMAS OCULTADOS. Nunca que vai publicar todos, ele não vai viver tanto tempo assim. Sou provavelmente um tantinho biruta, mas dificilmente sinto escrever quando não me dá vontade de escrever. Conforme Martin, eu só gostaria que ele publicasse os poemas mais doidos. Tenho a sensação de que ele está me fazendo ficar um tantinho normal demais.

Preciso voltar a escrever a porra do conto. É uma grande forma, você consegue brincar mais. É só isso, eu consigo escrever uma história quando estou me sentindo bem e não tenho me sentido bem porra nenhuma, daí todos os poemas poemas poemas... Sem esse escape eu seria provavelmente um suicida ou estaria engolindo pílulas no manicômio mais próximo.

1988

[Para Carl Weissner]
6 de julho de 1988

[...] Os poemas atrapalham o andamento do romance – outros além das lamúrias do câncer de pele – não param de chegar. Às vezes só a garrafa e o poema resolvem a situação, ou uma semana de situações. Ou semanas de.

Ainda na altura da página 173 no romance [*Hollywood*], páginas já não se seguram na prancheta. Acho que a escrita está razoável, porém se e quando o livro sair poderei ter novos problemas. Mas os nossos tribunais são tão abarrotados aqui que às vezes antes de um caso ser julgado se passam 5 ou 6 anos, período no qual documentos legais voam por todos os lados e documentos e advogados engordam e enriquecem ao passo que os clientes enlouquecem.

Gargoyle, sim, eles estão na ativa faz um longo tempo, se bem que o trabalho que publicam parece ser um tanto macio e um tanto carente de aposta e fibra. Jay D[ougherty] me contou, no entanto, que você andou dando uma entrevista ruidosa, e estou ansioso para conferir o que o Kool Karl de Mannheim andou aprontando. Sempre gostei dos seus pontos de vista sobre a existência.

Roominghouse [*Madrigals*], sim, mas ainda gosto do que estou fazendo agora. Uma clareza mais próxima do osso. Creio eu. Contanto que eu tenha fodido com a fita, o normal é eu ter um jeito para esse negócio.

[Para Carl Weissner]
6 de novembro de 1988

[...] Sim, terminei *Hollywood*. Acho que ficou razoável. Algumas risadas de doer a barriga dentro dele. Na verdade, gosto dele tanto quanto de qualquer coisa que eu tenha escrito. Mas um escritor, claro, é o pior avaliador de seu próprio trabalho. Mas escrever foi um tônico para mim, um elixir, ah, porque diversas coisas estavam me devorando, me roendo, me berrando, e a máquina de escrever e a página eram uma saída, direto do tanque de merda para uma meia-luz um tanto arejada muito embora eu estivesse escrevendo uma história de horror. Às vezes tudo parece se encaixar quando parece não haver a menor chance.

Eu preferiria bem mais escrever a partir de um estado de espírito feliz e consigo fazer isso quando chega esse raro e afortunado momentinho. Não acredito na dor como propulsora da arte. A dor é frequente demais. Conseguimos respirar sem ela. Se ela nos permitir.

Sobre Burroughs, nunca tive muita sorte com ele. E lamento que ele tenha esmaecido para você. Aquele bando todo: Ginsberg, Corso, Burroughs e por aí vai, faz muito tempo que eles esmaeceram para mim. Quando você escreve apenas para ser famoso, você caga tudo. Não quero ditar regras, mas se existe uma ela é: os únicos escritores que escrevem bem são aqueles que precisam escrever para não enlouquecer.

1990

Hughes publicou quatro poemas de Bukowski na Sycamore Review *em 1990-1991.*

[Para Henry Hughes]
13 de setembro de 1990

9-13-90

Hello Henry Hughes:

I'm glad I got a couple past you.

I'm 70 now but as long as the red wine flows and the typewriter goes, it's all right. It was a good show for me when I was writing dirty stories for the men's mags to get the rent and it's still a good show for me as I write against the hazards of a little fame and a little money--and those approaching footsteps on that thing with the STOP sign. At times I've enjoyed this contest with life. On the other hand, I'll leave it without regrets.

Sometimes I've called writing a disease. If so, I'm glad that it caught me. I've never walked into this room and looked at this typewriter without feeling that something somewhere, some strange gods or something utterly unnamable has touched me with a blithering, blathering and wonderous luck that holds and holds and holds. Oh yes.

Buk

Fico contente por ter emplacado alguns com você.

Estou com 70 agora, mas, enquanto o vinho tinto fluir e a máquina tinir, tudo na boa. Era um bom espetáculo para mim quando eu escrevia histórias de sacanagem para as revistas masculinas a fim de pagar o aluguel e ainda é um bom espetáculo para mim escrever agora contra os perigos de uma pequena fama e de um pouco de dinheiro – e os passos que se aproximam naquela coisa com o sinal de PARE. Por vezes me diverti nessa competição com a vida. Por outro lado, vou deixá-la sem arrependimentos.

Por vezes chamei a escrita de doença. Se for isso mesmo, fico contente que ela tenha me contagiado. Nunca entrei neste quarto e olhei para esta máquina de escrever sem sentir que algo em algum lugar, certos deuses estranhos ou algo totalmente inominável me tocaram com uma sorte desgraçada, desbocada e maravilhosa que dura e dura e dura. Que beleza.

[Aos editores da *Colorado North Review*]
15 de setembro de 1990

[...] Percebo que vocês são afiliados à universidade mas que mesmo assim soam bem humanos, pelo menos na sua correspondência. Mas percebi nos últimos poucos anos que algumas publicações universitárias estão mais abertas ao risco e à divergência no que promulgam, quero dizer, parecem estar pelo menos escapulindo do século 19 enquanto se aproxima o século 21. Um indício adorável, de fato.

Sim, entendo o que vocês querem dizer sobre a escrita e os escritores. Nós parecemos ter perdido o alvo. Os escritores parecem escrever para que sejam conhecidos como escritores. Não escrevem porque alguma coisa os empurra na beira do precipício. Olho para o passado, quando Pound, T. S. Eliot, e. e. Cummings, Jeffers, Auden, Spender estavam por aí. O trabalho deles rachava o papel no meio, botava fogo na página. Os poemas se tornavam eventos, explosões. Havia uma enorme excitação. Agora, por décadas, parece ter havido uma calmaria, quase uma calmaria *especializada*, como se o embotamento indicasse genialidade. E se um novo talento aparecia era só um lampejo, alguns poucos poemas, um livro fininho e aí ele ou ela passava por um lixamento, uma ingestão rumo ao silencioso nada. Talento sem durabilidade é um maldito crime. Significa que a pessoa caiu na suave armadilha, significa que acreditou na louvação, significa que se contentou com pouco. Um escritor não é escritor porque escreveu alguns livros. Um escritor não é escritor porque ensina literatura. Um escritor só é escritor se conseguir escrever agora, nesta noite, neste minuto. Nós temos uma quantidade excessiva de ex-escritores que batem à máquina. Os livros caem da minha mão no chão. São a mais pura bosta. Acho que simplesmente explodimos meio século pelos malditos ares.

Sim, os compositores clássicos. Sempre escrevo com música tocando e uma garrafa de bom tinto. E fumo bidis Mangalore Ganesh. O rodopio da fumaça, o bater da máquina e a música. Que maneira de cuspir na cara da morte e de felicitá-la ao mesmo tempo. Sim.

[Para Kevin Ring]
16 de setembro de 1990

[...] Entendo o que você quer dizer sobre a poesia. A pretensão rançosa dela me incomodou por décadas, não apenas a poesia do nosso tempo mas a poesia de todos os séculos, o assim chamado melhor material. Parece que todo mundo fica se ataviando, tacando, queimando uma chama baixa demais ou nenhuma em absoluto, tornando tudo bonito, tornando tudo delicado [...]. A prosa vem logo atrás. Não estou dando a entender que sou um grande escritor, mas estou dizendo que, como leitor, me sinto trapaceado, embromado, mijado com óbvios truques de ofício, truques cujo aprendizado não vale nem um pouco a pena.

Claro, conheço a obra de Sir Edward Elgar. Ele conseguia escrever para Rainha e país e ainda trinar a mágica. Há também Eric Coates. Falo aqui dos ingleses. Há uma quantidade tão grande de compositores ao longo do tempo. Fico ouvindo por horas, é a minha droga. Isso suaviza as bizarrices no meu pobre cérebro devastado. Ao contrário dos poetas e escritores de prosa, os compositores clássicos parecem bem honestos, duradouros e cheios de invenção e fogo. Nunca me canso deles, a lista parece ser interminável. Tantos deles virtualmente sacrificaram suas vidas por suas obras. A aposta máxima. Ouço horas de música clássica, minha fonte principal é o rádio, e mesmo depois de tantos anos é frequente eu escutar uma nova e impressionante obra que raras vezes foi tocada.

Quando ouço uma dessas obras – essas são as grandes noites. Conheço as clássicas e os arranjos clássicos, mas, por mais que seja bom, quando você de alguma forma memorizou cada nota prestes a chegar, isso tira mesmo um pouco da graça. Minha escrita, embora simples à sua maneira, é sempre guiada pela música porque ouço enquanto escrevo, e, claro, tenho sempre a querida garrafa velha de guerra.

[Para William Packard]
23 de dezembro de 1990

[...] Quando tudo funciona da melhor maneira não é porque você escolheu a escrita, mas porque a escrita escolheu você. É quando ela deixa você louco, é quando ela está estufada nos seus ouvidos, suas narinas, embaixo das suas unhas. É quando não há nenhuma esperança a não ser essa.

Certa vez em Atlanta, passando fome num barraco de papel de piche, congelando. Só havia jornais fazendo as vezes de piso. E eu encontrei um toco de lápis e escrevi nas margens brancas das bordas desses jornais com o toco de lápis, sabendo que ninguém jamais iria ver aquilo. Era uma loucura cancerígena. E nunca era trabalho ou plano ou parte de uma escola. Era. Isso é tudo.

E por que fracassamos? É a época, algo inerente à época, a nossa Época. Por meio século não houve nada. Nenhuma inovação verdadeira, nenhuma novidade, nenhuma energia chamejante, nenhuma aposta.

O quê? Quem? Lowell? Aquele gafanhoto? Não me cante canções de merda.

Fazemos o que podemos e não fazemos muito bem.

Constritos. Trancados. Nós *posamos*.

Trabalhamos demais. Tentamos demais.

Não tente. Não trabalhe. Está ali. Está nos encarando direto nos olhos, doido para escapar do ventre fechado.

Houve *direção* demais. É tudo liberado, ninguém precisa nos dizer nada.

Ensinamentos? Ensinamentos são para jumentos.

Escrever um poema é tão fácil quanto descabelar o palhaço ou beber uma garrafa de cerveja. Veja. Aqui vai um:

"fluxo"

mãe viu o guaxinim,
minha esposa me contou.

ah, eu falei.

e isso foi só meio que o estado das coisas
nesta noite.

1991

[Para John Martin]
11 de março de 1991, 1:42 da manhã

Estou provavelmente escrevendo demais. Para mim, não tem como ser. Estou viciado nisso.

No centro do meu cérebro, ainda me lembro daquele tempo em Atlanta, seja lá como eu possa repeti-lo, quando eu estava morrendo de fome e fora de mim, mas talvez dentro de mim, quando eu escrevia com um toco de lápis nas bordas brancas dos jornais que os meus proprietários haviam depositado como tapete sobre aquele piso de terra batida. Louco? Certo que sim, mas louco no bom sentido, prefiro pensar. A gente não esquece, nunca. Eu tive a melhor formação universitária em Literatura que alguém jamais teve. Sou capaz de arrebentar o teto de qualquer lugar. Só por arrebentar.

[Para John Martin]
23 de março de 1991, 11:36 da noite

Fico tendo essa sensação de que sou um escritor iniciante. A velha empolgação e o espanto estão presentes... É uma grande loucura. Acho que inúmeros escritores, quando já estão em campo faz um bom tempo, ficam experientes demais, cuidadosos demais. Têm medo de cometer equívocos. Você joga os dados, às vezes você consegue tirar os dois olhos da cobra. Gosto de deixar tudo solto e selvagem.

Um bom poema impecável pode acontecer, mas ele aparece enquanto você está trabalhando com outra coisa. Sei que eu escrevo algumas merdas, mas deixando aquilo passar, batendo os tambores, há uma liberdade suculenta nisso.

Estou me divertindo de um jeito rico, reinante, rapace, raríssimo. Até aqui, os deuses estão me permitindo essa celebração. É tão estanho. Mas aceito.

[Para John Martin]
13 de abril de 1991, 0:20 da manhã

Comprei este papel verde por engano mas ele funciona bastante bem, acho eu.

Acabo de autografar alguns livros para Fidel Castro. Não tenho inclinação política, claro, mas já está na hora de ele ler um pouco de Black Sparrow, hein?

[Para Patrick Foy]
15 de abril de 1991, 8:34 da noite

Obrigado pelo poema e pela foto, ambos bons. Não, não sou fanático por tênis, mas sou um estudioso da derrota. Tive algumas lições nessa área.

Eu estava querendo lhe falar sobre as boas leituras que você mandou. Sua luta contra a burrice inata da história deste século é uma luta nobre e solitária. Fico maravilhado com a sua persistência contra todas as probabilidades. Acredito que os seus pontos de vista acertam em cheio. Mas a propaganda do passado afundou quase todas as mentes numa aceitação ignorante da mentira mortal. Eles são incapazes de retroceder para desfazer os erros tremendos porque aí os nossos alardeados líderes, os nossos líderes históricos seriam desmascarados como fraudulentos e impostores. E pense nos milhões de vidas perdidas pelas assim chamadas grandes causas. Todas essas vidas, então, seria preciso admitir que foram totalmente desperdiçadas, não pelas razões certas, mas por todas as razões erradas. Esse jogo monstruoso já foi longe demais para ser corrigido; isso levaria homens e mães, quase todo mundo, à fúria e à loucura. Mas a coisa mais horripilante de todas é que o jogo continua, não apenas da mesma maneira mas de um modo mais desalmado através da mesma cobiça e do mesmo medo, e através de uma prática tão afiada e aperfeiçoada que quanto maiores os mentirosos, tanto mais acreditarão neles.

Tudo que nós, poucos e cientes que somos, podemos fazer é proteger nossas próprias mentes contra esse ataque que obliterou as sensibilidades de quase todos os humanos.

[Para John Martin]
12 de julho de 1991, 9:39 da noite

Li sobre Henry Miller ter parado de escrever depois de ficar famoso. O que provavelmente significa que ele escreveu para ficar famoso. Não entendo isso: não há nada mais mágico e lindo do que as linhas se formando de um lado ao outro no papel. É tudo que existe. É tudo que jamais existiu. Nenhuma recompensa é maior do que o ato de fazer. O que vem depois é mais do que secundário. Não consigo entender qualquer escritor que pare de escrever. É como tirar fora o seu coração e dar descarga nele junto com a bosta. Vou escrever até o meu último maldito suspiro, não importando se alguém achar bom ou não. O fim igual ao começo. Era para eu ser desse jeito. É simples e profundo assim. Agora me permita parar de escrever sobre isso para que eu possa escrever sobre outra coisa.

1992

[Para John Martin]
19 de janeiro de 1992, 0:16 da manhã

Breve registro de diário incluso.

Obrigado pelo relatório das vendas. Verdadeiramente incrível. Que você mantenha esses 18 livros em circulação e que eles continuem vendendo. É estranho para mim, e sinto orgulho de cada livro, o fato de que ainda estejam ativos e fortes. E tem algo de especial nos velhos títulos, com o passar do tempo eles parecem ganhar um sabor novo (eu me refiro aos títulos dos livros mesmo), como se tivessem uma espécie de vida própria. Bem, é ótimo, é um desses milagres silenciosos.

E o melhor, ainda estamos na jogada. Se você sair de campo em algum momento, não sei o que vou fazer. Nós trabalhamos em total confiança e harmonia, não tenho recordação alguma de uma única discussão sobre qualquer coisa.

Obrigado, meu velho, tem sido lindo.

[Para William Packard]
30 de março de 1992, 8:24 da noite

[...] Obrigado pelos inclusos. Gosto do seu poema "The Seducer". Você sabe como funciona. Ou não funciona. Obrigado também por incluir o plano de ensino. Fico honrado por estar na mesma ficha de Pound, Lorca, Williams e Auden. *Mockingbird Wish Me Luck*. E por falar em Pound, muitas décadas atrás eu estava amancebado com uma mulher e eu era um mau provedor e como conseguíamos nos virar, bebendo continuamente daquele jeito, é um verdadeiro espanto para mim agora, embora na época eu não pensasse muito a respeito. De qualquer maneira, nos poucos momentos de não bebedeira eu geralmente dava um jeito de ir até a biblioteca e voltar. Certa vez abri a porta e fiquei ali parado com aquele livro pesado na minha mão e ela me olhou da cama e falou: "Você pegou esses malditos *Cantos* de novo?". "Sim", eu retruquei, "nós não podemos trepar o tempo *todo*."

Jack Grapes, editor da revista literária Onthebus, *publicou um grande número de poemas e registros de diário de Bukowski numa seção chamada "Um Álbum de Charles Bukowski". Grapes também resenhou a poesia de Bukowski.*

[Para Jack Grapes]
22 de outubro de 1992, 12:10 da tarde

Obrigado pela boa carta e por me deixar ver o seu texto sobre *Meu coração*. Também por me informar sobre o álbum. 32 páginas, não é pouco espaço.

Sabe, *Meu coração* foi aquele tempo e foi um tempo estranho e eu não era nem mesmo jovem na época. E agora são 72 anos nas minhas costas, e é bem parecido com tentar superar a fábrica ou uma amante ruim. Sinto que a escrita ainda está presente, consigo sentir as palavras mordendo o papel, é tão necessário como sempre [...]. A escrita me salvou do hospício, do assassinato e do suicídio. Ainda preciso dela. Agora. Amanhã. Até o último suspiro.

As ressacas são piores para mim agora, mas ainda levanto da cama, entro no carro e saio para o hipódromo. Faço meus lances. Os outros apostadores nunca me incomodam. "Esse cara não conversa com ninguém."

Depois, à noite, às vezes ela surge no computador. Se não está, não a forço. A menos que as palavras saltem de dentro de você, esqueça. Às vezes eu nem chego perto do computador porque não há nada vibrando e devo estar morto ou então em repouso e só o tempo dirá. Mas fico morto até a linha seguinte aparecer na tela. Não é uma coisa sagrada, mas é uma coisa piamente necessária. É. Sim. Enquanto isso, tento ser tão humano quanto possível: converso com a minha esposa, acaricio meus gatos, sento e olho tv se for capaz ou talvez apenas leio o jornal da primeira à última página ou talvez apenas durmo cedo. Ter 72 é outra aventura. Quando eu tiver 92, vou olhar para trás e dar risada. Não, já estou por aí há tempo suficiente. É parecido demais com ver o mesmo filme. Exceto que para todos nós está ficando um pouco mais feio. Nunca pensei que eu estaria aqui agora, e, quando partir, vou estar pronto.

1993

Depois de tentar aparecer na revista Poetry, *sem êxito, por mais de quatro décadas, Bukowski finalmente teve três poemas publicados pouco antes de seu falecimento.*

[Para Joseph Parisi]
1º de fevereiro de 1993, 10:31 da noite

Eu me lembro, muito jovem que eu era, de ficar sentado na biblioteca pública de L.A. lendo *Poetry: A Magazine of Verse*. Agora, afinal, eu me juntei a vocês. Era uma questão que dependia de nós, suponho. De qualquer maneira, fico feliz por ter emplacado alguns poemas com vocês. [...]

Obrigado, o ano novo está me tratando com carinho. O que quero dizer é que as palavras estão se formando e se agitando, girando e voando para mim. Quanto mais velho fico, tanto mais essa loucura mágica parece me abençoar. Muito esquisito, mas aceito.

Epílogo

Repassando cerca de duas mil páginas de correspondência inédita no esforço de encontrar as cartas mais iluminadoras de Bukowski sobre a escrita, topei com os mais diversos tipos de joias nunca antes vistas: cartas obscuras para Henry Miller, Whit Burnett, Caresse Crosby, Lawrence Ferlinghetti e seu deus literário, John Fante; uma esquecida e pitoresca sinopse promocional para um dos livros mais populares de Bukowski, *Ereções, ejaculações, exibicionismos e fabulário geral do delírio cotidiano*; uma introdução que Bukowski escreveu para seu primeiro livro em holandês, *Dronken Mirakels & Andere Offers**, publicado pela primeira vez em inglês aqui; e uma paródia inacabada de revistas literárias, intitulada *The Toilet Paper Review*.** Havia também algumas cartas mais antigas nas quais o tom de Bukowski é notavelmente ornamentado e artificial, bem como algumas ilustrações deslumbrantes, trazidas ao público aqui pela primeiríssima vez. Acrescentemos a esse raro material algumas das cartas mais passionais jamais escritas por Bukowski e este volume de correspondência se mostra tranquilamente tão fascinante quanto qualquer outra de suas coletâneas. Na verdade, é Bukowski em sua melhor forma: cru, espirituoso e comovente ao extremo, sem fazer a menor concessão enquanto gira sua metralhadora.

Na maior parte, essas cartas transmitem uma distinta sensação de imediatismo; tendo pouco tempo para conversa de trabalho, Bukowski se derrama em cada uma das

* "Milagres bêbados & outros sacrifícios". (N.T.)

** "Revista do Papel Higiênico". (N.T.)

cartas, discutindo acontecimentos diários com genuína empolgação. É como se Bukowski estivesse escrevendo poemas em forma de cartas – ele afirma repetidas vezes que as cartas são tão importantes quanto poemas. De modo similar, algumas das cartas se deixam ler como histórias, como se ele de fato estivesse escrevendo um conto bem desenvolvido. Poesia, ficção e correspondência caem na mesmíssima categoria para Bukowski: arte. Ele é igualmente intenso quando se dirige a pessoas pela primeira vez. Suas cartas para Edward van Aelstyn e Jack Conroy são tão verdadeiramente bukowskianas quanto as cartas que mandava para amigos, editores e poetas com os quais já tinha mantido correspondência por extensos períodos de tempo. Para Bukowski, não havia diferença. As cartas eram um meio para expressar quem ele era, não importando para quem escrevesse.

A espontaneidade também é óbvia na correspondência de Bukowski. O primeiro pensamento é o melhor pensamento, ele parece dizer na maioria das cartas. Sua voz ressoa em plena e gloriosa primeira pessoa nos escritos endereçados tanto aos amigos quanto aos inimigos. Despojada de qualquer fingimento, sua escrita em forma de carta vira um instantâneo cristalino da disposição de espírito de Bukowski naquele momento. Seu enfoque sem tabus da criação está sem dúvida presente na correspondência, seja quando escreve uma apaixonada declaração sobre o estado das coisas nas letras americanas, com um carinhoso aparte sobre sua filha, seja quando faz violentos ataques aos escritores contemporâneos. Do início ao fim, Bukowski é sempre o mesmo.

Há certas exceções dignas de nota, porém. Em suas cartas para Whit Burnett, Caresse Crosby, Henry Miller e John Fante, Bukowski soa um tanto artificial, até mesmo acanhado, como se não quisesse aborrecê-los. De modo similar, nas cartas do fim dos anos 1950, seu estilo é mais elaborado, deliberada e zombeteiramente metido a culto, invocando o que ele chama de "palavras de dicionário" para um efeito humorístico. A mesma transformação aparece em sua poesia: a poesia inicial pode ser complicada e ornamentada, ao passo que a poesia dos últimos tempos tem "uma clareza mais próxima do osso", como ele comentou sobre os poemas que estava escrevendo no fim dos anos 1980. O tom de sua correspondência muda de curso nesse sentido no início dos anos 1960, sobretudo quando ele começa a se corresponder com Jon Webb e William Corrington. As artimanhas iniciais dão lugar à prosa direta. Bukowski, nesse ponto, começa a soar como o "Bukowski" com o qual a maioria dos leitores tem familiaridade.

Tanto para o Bukowski inicial quanto para o dos últimos tempos, escrever era algo semelhante a uma doença prazerosa que ninguém podia curar, e essas cartas mostram o quanto ele dava valor à alegria de escrever. Era uma força natural que ele não podia e não queria deter, não importando o que acontecesse, como um rio em fúria que o levasse rumo ao desconhecido em meio a uma tempestade. Bukowski raras vezes sofreu de bloqueio criativo, e escreveu de maneira incansável, quase diariamente, por um período de cinquenta anos. Representou explicitamente seu anseio por escrever numa entrevista de 1987: "Se eu não escrevo por uma semana, fico doente. Não consigo caminhar, sinto tontura. Fico deitado na cama, vomito. Levanto de manhã e tenho ânsia de vômito. Preciso bater à máquina. Se você decepasse as minhas mãos, eu escreveria com os pés". Sua natureza prolífica e disciplinada revela o que realmente o deixava feliz: "Nenhuma recompensa é maior do que o ato de fazer. O que vem depois é mais do que secundário", ele confidenciou no início dos anos 1990. Acrescente-se a isso uma forte dose de entretenimento que Bukowski sempre defendeu em sua obra e o resultado é o mais clássico possível: a escrita como *dulce et utile*, como Horácio sugeriu séculos atrás.

Entrincheirado em seus pequenos aposentos em Los Angeles, Bukowski viveu isolado do mundo exterior. Era tão absolutamente desinteressado pelos acontecimentos correntes que, quando foi acusado de ter perdido os anos 1960, retrucou com ironia: "Claro que sim, eu estava [trabalhando] nos correios". Como seu ídolo Robinson Jeffers em Big Sur, Bukowski criava febrilmente na mais completa solidão; como o homem do subsolo de Fiódor Dostoiévski, ele disparava de sua toca anônima seus projéteis incendiários, deixando leitores e editores estarrecidos. Numa tentativa quase desesperada de se manter fora de contato com o meio estabelecido, Bukowski enviava seus mísseis perenes contra o convencionalismo da arena literária para provocá-la. É precisamente essa atemporalidade o que torna sua obra duradoura e memorável.

Nascido alemão, Bukowski cresceu em Los Angeles numa família destituída de amor e afeto, algo que moldaria sua visão de mundo dura e individualista, quase nietzschiana. Tendo sido criado na Depressão, e mais velho do que a maioria dos escritores emergentes, tendências da moda como a contracultura dos anos 1960 ou a ideologia superficial do Flower Power atraíam apenas seu escárnio. O que Bukowski desprezava mais do que tudo era o espírito gregário e egotista de grupos populares como os Beats, que pareciam acreditar que estar no centro das atenções era mais importante do que fazer o trabalho efetivo. Bukowski se isolou desse bafafá para se devotar à escrita. A máquina datilográfica o levava ao lugar difícil de identificar, entre a sanidade e a loucura, que ele tanta amava. Escrever era o único método que ele conhecia para se manter afastado da loucura.

Lobo solitário por natureza, Bukowski gostava de citar a frase de Sartre segundo a qual "o inferno são os outros", mas nunca tentou negar suas várias influências literárias. O álcool e a música clássica também eram óbvias influências em sua escrita, provavelmente tanto quanto qualquer um dos artistas que ele admirava e a quem agradeceu devidamente em muitas de suas cartas. Ele também se mostrava grato a alguns de seus editores independentes, em especial Jon Webb, Marvin Malone, John Martin e a "viagem mágica" que compartilharam juntos. Ao mesmo tempo, repetidas vezes rebaixava escritores tidos na mais alta estima, incluindo Shakespeare e Faulkner. Autores contemporâneos tampouco eram poupados: Carol Bergé, Ron Silliman, Henry Miller (e sua "conversa furada de Jornada nas Estrelas") e Robert Creeley foram todos atacados com ferocidade – atipicamente, Bukowski mudou de opinião sobre Creeley no início dos anos 1970, admitindo que suas críticas eram infundadas. Como Bukowski disse mais de uma vez, ele começou a escrever não porque se achasse bom, mas porque os outros escritores eram ruins demais.

Sem ser um homem instruído em qualquer medida, Bukowski de fato frequentou faculdade por um ano e meio, e se orgulhava de ter lido um incalculável número de livros na Biblioteca Pública de Los Angeles na juventude. Embora sua grafia dos nomes de vários autores bem conhecidos revelasse constantes erros, o bêbado libertino de infame rudeza sabia citar quase textualmente uma letra de música medieval havia muito esquecida, vários aforismos de Nietzsche e muitos versos de poemas de Shakespeare, Whitman e outros gigantes literários. Cai por terra o Velho Safado ignorante das letras americanas.

Não só isso – Bukowski podia ser meticuloso em relação à gramática. No dilema de "leave us be fair" versus "let us be fair" da carta de 2 de abril de 1959 para Anthony Linick, Bukowski desfere um cômico golpe contra as regras gramaticais. Além disso, quando editores de revistas literárias publicavam seus poemas com eventuais erros tipográficos, ele virava um velho raivoso cuspindo injúrias para todos os lados. Para um autor prolífico que quase não tinha tempo para revisões, Bukowski podia ser enjoado – e com razão – em relação a tais erros, que eram comuns nas pequenas revistas mimeografadas que publicavam seu trabalho em tempo recorde.

Questões não estritamente ligadas à escrita, como submeter originais a centenas de revistas literárias ao redor do planeta, pareciam a Bukowski uma perda de tempo, e ele manifestou essa opinião para seu editor de longa data, John Martin. Ele também acreditava que fazer dúzias de desenhos para as edições especiais que Martin vislumbrava como marca de sua Black Sparrow Press lhe roubava energia, e de um modo desnecessário. Às vezes Bukowski explodia; sentindo que Martin o tratava como "um idiota", respondia às exigências de seu editor com um desdenhoso "sim, pai". Curiosamente, quando tanto Ann Waldman quanto Allen Ginsberg convidaram Bukowski para dar aulas no Naropa Institute no final dos anos 1970, ele recusou. O que mais importava para Bukowski era escrever a linha seguinte, e submissões, pinturas e bicos de professor não passavam de distrações. Escrever era sua muleta, ele afirmava sem parar.

Na primeira de todas as cartas deste volume, um jovem e desconhecido Bukowski pede a Hallie Burnett um emprego na revista *Story*, e na última de todas, pouco mais de um ano antes de seu falecimento, quando desfrutava de uma popularidade inacreditável para um autor de editora independente, Bukowski expressa sincero agradecimento ao editor Joseph Parisi por finalmente publicá-lo em sua revista *Poetry*, após décadas de contínua rejeição. Essas cartas mostram que Bukowski perseverava com obstinação, que nenhum obstáculo entravaria sua fome de sucesso e reconhecimento, que sua doença da escrita não poderia e não iria ser curada. Ainda um artista muito jovem, começou a cultivar metodicamente as características literárias que afinal o transformaram no personagem "Bukowski" que ele perpetuou com alegria em sua obra. A leitura dessas cartas oferece um vislumbre iluminador da luta que ele empreendeu pela vida inteira para se tornar um ícone literário.

E agora elas estão disponíveis para você, em toda a sua glória crua.

Abel Debritto
Tenerife, Espanha
Agosto de 2014

Agradecimentos

Organizador e editora gostariam de agradecer aos proprietários das cartas aqui publicadas, que incluem as seguintes instituições:

University of Arizona, Acervos Especiais
Brown University, Providence, Biblioteca John Hay
The University of California, Biblioteca Bancroft
The University of California, Los Angeles, Acervos Especiais
The University of California, Santa Barbara, Acervos Especiais
California State University, Fullerton, Biblioteca Pollak
Centenary College, Shreveport, Louisiana, Biblioteca de Pesquisa Samuel Peters
Columbia University, Biblioteca de Livros Raros e Manuscritos
The Huntington Library, San Marino, California
Indiana University, Biblioteca Lilly
The State University of New York at Buffalo, Acervo de Poesia/Livros Raros
Princeton University, New Jersey, Livros Raros e Acervos Especiais
The University of Southern California, Acervo de Livros Raros
Southern Illinois University, Carbondale, Biblioteca Morris

Agradecemos também às seguintes revistas, nas quais algumas das cartas foram publicadas pela primeira vez: *Colorado North Review*, *Event*, *Intermission*, *New York Quarterly* e *Smoke Signals*.

Last but not least, muito obrigado a Michael Andre, Gerard Belart, Anthony Linick, Christa Malone e A. D. Winans por fornecer cópias de algumas cartas.

Impressão e acabamento
Imprensa da Fé